Maria Montessori

Educare alla libertà

A cura di Claudio Lamparelli

OSCAR MONDADORI

I edizione Oscar Varia febbraio 2008

ISBN 978-88-04-57524-5

Questo volume è stato stampato
presso ELCOGRAF S.p.A.
Stabilimento - Cles (TN)
Stampato in Italia. Printed in Italy

oscarmondadori.it

Anno 2019 - Ristampa 18 19 20 21

librimondadori.it

Introduzione

Con questo libro presentiamo alcune pagine fondamentali della più importante opera di Maria Montessori: *Il Metodo della Pedagogia Scientifica applicato all'educazione infantile nelle Case dei Bambini*, un testo che fu ripetutamente rielaborato dall'autrice e recentemente pubblicato in edizione critica dall'Istituto Superiore di Ricerca e Formazione dell'Opera Nazionale Montessori (Roma 2000). Apparso per la prima volta nel 1909, ebbe subito un grande successo e numerose traduzioni in tutto il mondo, e fu poi rimaneggiato, con aggiunte, variazioni, tagli e spostamenti fino al 1950, quando gli fu cambiato il titolo in *La scoperta del bambino*. I brani che abbiamo scelto mettono in evidenza alcuni punti basilari del metodo montessoriano, fra cui la straordinaria modernità dell'indirizzo pedagogico e il continuo appello a rispettare la spontaneità e le potenzialità del bambino.

Fin dalle prime pagine l'autrice spiega chiaramente che il suo metodo si basa sull'osservazione attenta del singolo bambino e sulla preservazione della «libertà degli scolari nelle loro manifestazioni spontanee», che devono essere rispettate quasi «con religiosa venerazione». La sua convinzione è che i metodi pedagogici tradizionali e la vita sociale conducano spesso all'«oscurarsi e al morire della vita naturale» e che quindi sia necessario procedere a un vero e proprio affrancamento del bambino da quei metodi educativi e da quei legami che ne soffocano la forza e la creatività spontanea. Il problema è che il maestro tradizionale si considera l'unico vero agente dell'educazione infantile, investito del compito di limitare e reprimere l'attività degli allievi; egli non si rende conto che il piccolo «rivela se stesso» solo quando è lasciato libero di esprimersi, non quando viene coartato da qualche schema educativo o da una disciplina puramente esteriore.

Maria Montessori critica la società del suo tempo sostenendo che «le condizioni in cui viviamo sono ancora servili» e che chi viene troppo servito «è leso nella sua indipendenza» e «la sua mente si atrofizza». Questo è un ragionamento che viene applicato non solo ai bambini ma anche alle donne, le quali quando «sono troppo mantenute e servite sono diminuite nella loro umanità».

Un metodo educativo che abbia per base la libertà «deve intervenire per aiutare il bambino a conquistarla», riducendo al minimo l'intervento dell'insegnante, il quale ha il compito di «gettare un raggio di luce e passare oltre» impiegando una grande dose di pazienza e una notevole capacità di osservazione. Più che un maestro tradizionale, deve essere uno psicologo che giunge quasi all'«annientamento di se stesso»; e le lezioni, più che collettive, devono essere individuali, devono cioè tener conto del grado di sviluppo e delle caratteristiche di ogni allievo. L'educatore non deve domare i fanciulli dall'esterno «con la frusta», non deve insegnare a tutti con lo stesso «ritmo monotono», ma deve dare a ciascuno il «dono di essere compreso e di essere corrisposto nei bisogni profondi dell'anima». È il maestro che si adatta all'allievo e non viceversa; egli parla poco e osserva molto. Questo è un modo per garantire non solo l'emancipazione e la fioritura del bambino, ma anche quelle delle future generazioni e dunque dell'intera umanità, dato che lo sviluppo dei piccoli uomini è strettamente collegato allo sviluppo del mondo. Infatti la vera salute, quella non solo fisica ma anche morale, è «il brillante risultato della liberazione dell'anima».

Il maestro montessoriano non è un insegnante che siede in cattedra e dispensa dall'alto il suo sapere, ma deve essere una specie di «angelo custode», deve vigilare affinché il bambino non sia disturbato o intralciato nella sua libera attività; affascina sia con lo sguardo sia con la posa e riesce a stabilire un rapporto di anime. È una persona capace di limitare al massimo la sua interferenza, di spogliarsi di ogni preconcetto e di osservare con la massima attenzione: questa è anche la strada che ha portato l'umanità alle grandi scoperte, sia in campo scientifico sia in campo spirituale e artistico.

La scuola materna deve essere strutturata in funzione dell'autosviluppo del bambino, fornendo un ambiente accogliente e familiare in cui tutti i mobili e gli oggetti siano modellati sulle misure e sulle esigenze dei piccoli, i quali si organizzano da soli e si aiutano a vicenda; non una scuola per i bambini, ma una scuola dei bambini. L'educatore deve rispettare la loro spontaneità mettendoli in rapporto con i materiali pedagogici appositamente studiati e con l'ordine dell'ambiente, lasciando che ognuno scelga la propria attività, intervenendo solo su loro richiesta, rimuovendo gli ostacoli, allontanando i giocattoli che conducono il piccolo a evadere dalla realtà ed evitando di dispensare premi e castighi. I materiali pedagogici – oggetti da montare, incastri piani di legno o di cartoncino, incastri solidi, prismi da sovrapporre, tavolette cromatiche eccetera – hanno lo scopo di regolare l'acquisizione graduale di capacità senso-motorie e sono predisposti in parte in base alle precedenti esperienze di altri pedagogisti, come Itard (1765-1835), Fröbel (1782-1852) e Séguin (1812-1880), e in parte in base alle ricerche della stessa Montessori. Essi favoriscono lo sviluppo intellettuale del bambino e permettono l'autocorrezione dell'errore. Con l'utilizzo di materiali speciali, come l'alfabetario dotato di lettere e di numeri mobili, si insegnano anche i fondamenti dell'aritmetica, della lettura e della scrittura.

La Montessori prende inoltre in considerazione il problema dell'educazione religiosa. All'inizio pensa soprattutto a forme di religiosità cattolica e all'utilizzo di materiale liturgico miniaturizzato. Ma essa ha una visione interiore della religione e, anziché credere all'idea di un peccato originale, ha fiducia nelle potenzialità di autoliberazione dell'essere umano. Per questi motivi e a contatto con le religiosità di altri paesi, come quelle dell'India, si rende conto dell'inadeguatezza del suo modello in un contesto internazionale e finisce per desistere dal suo tentativo di fondare una «chiesa dei piccoli». Restano tuttavia interessanti le osservazioni sulla religiosità del bambino e sulla sua vocazione naturale per la spiritualità.

Nonostante gli inizi positivistici, la pedagogia montessoriana assomiglia più a un'arte che a una scienza, ed è forse questo il motivo per cui la sua opera principale, man mano che cambiano le esperienze e le acquisizioni sperimentali, viene continuamente rimaneggiata. Il suo metodo non inneggia affatto, nonostante le apparenze, alla pura e semplice mancanza di regole e di disciplina. Bisogna far capire la differenza tra bene e male, senza però assimilare il bene all'immobilità, alla passività e all'obbedienza. La Montessori è convinta che il bambino sia per sua natura serio, disciplinato, amante dell'ordine e che, messo a contatto con i materiali pedagogici adatti, sia in grado di autoeducarsi. Il fanciullo distratto, disordinato o indisciplinato rivela in realtà il fallimento del metodo educativo di chi gli sta intorno. Posto in un ambiente idoneo, a contatto con i materiali giusti e sotto la guida di un insegnante attento, «umile» e discreto, dispiega le sue immense potenzialità e apre la via a un'umanità liberata e affratellata.

Il pensiero e il metodo della Montessori sono in realtà molto più complessi e più particolareggiati di quanto si possa accennare in una breve introduzione e non sono privi di esaltazioni utopiche e di contraddizioni. Nonostante le critiche che sono state rivolte loro, talvolta di segno contrapposto, conservano il grande merito di aver anticipato in epoche buie alcuni concetti fondamentali della moderna pedagogia, e cioè in sostanza l'istanza antiautoritaria, l'attenzione verso ogni possibile condizionamento del bambino, la necessità di mettere la personalità del piccolo al centro dell'attività educativa e la delicatezza del ruolo di guida dell'insegnante. La sua pedagogia della liberazione del bambino «padre dell'uomo» punta a eliminare l'azione negativa della repressione della spontaneità infantile e a dar vita a un nuovo mondo, finalmente in pace.

Claudio Lamparelli

Nota biografica

Maria Montessori nasce a Chiaravalle (Ancona) nel 1870 e qualche anno dopo si trasferisce con la famiglia a Roma. Qui dimostra il suo interesse verso le materie scientifiche, in particolare matematica e biologia, e, contrariamente al desiderio dei genitori, si iscrive alla facoltà di Medicina e si laurea nel 1896. È tra le prime donne a esercitare in campo medico dopo l'Unità d'Italia. Partecipa poi al movimento di emancipazione della donna intervenendo al Congresso femminile di Berlino del 1896 e poi a quello di Londra del 1899.

All'indomani della laurea diventa assistente presso la clinica psichiatrica dell'Università e si dedica al recupero dei bambini ortofrenici, elaborando un proprio metodo che ha un insperato successo. A quei tempi i bambini subnormali venivano tenuti chiusi in camerate, in stato di abbandono, senza nessuna stimolazione; ma la Montessori comincia a svolgere un proprio programma educativo, non più basato solo sull'assistenza e sulla cura di tipo medico. Intraprende una rieducazione di tipo senso-motorio, rendendosi conto che i livelli di sviluppo di ogni bambino sono diversi, che è indispensabile una grande attenzione da parte dell'educatore ai minimi segnali lanciati dai fanciulli e che il piccolo apprende meglio quando si trova nella disposizione giusta per farlo.

Questo lavoro la porta a interessarsi agli studi scientifici internazionali riguardanti i bambini anormali.

Nel 1898, dalla relazione con Giuseppe Montesano, un suo giovane professore, le nasce un figlio, Mario. Poiché non è sposata, per evitare lo scandalo, è costretta a darlo in affido, ma questa esperienza segnerà dolorosamente la sua vita; in seguito Mario diventerà un suo stretto collaboratore. Nello stesso anno presenta al primo Congresso pedagogico italiano i risultati delle sue ricerche presso la Clinica psichiatrica romana, in cui sostiene, utilizzando dati sperimentali, che il bambino anormale ha bisogno, più che di un'assistenza medica, di un intervento a carattere educativo. Dal 1899 al 1900 è direttrice della Scuola Magistrale Ortofrenica di Roma.

A partire dal 1900 (fino al 1913) insegna antropologia e igiene all'Istituto Superiore di Magistero Femminile a Roma. Nel 1902 si iscrive alla facoltà di Lettere, corso di Filosofia per approfondire i principi della pedagogia generale in rapporto con l'antropologia e con la psicologia sperimentale. Nel 1904 consegue la libera docenza in antropologia. Nel 1905 pubblica un lavoro in questo campo intitolato *Caratteri fisici delle giovani donne del Lazio*, e nel 1906 *Lezioni di Antropologia pedagogica*. Nello stesso anno ottiene l'incarico per l'insegnamento di antropologia pedagogica.

I successi ottenuti con i bambini frenastenici la spingono a utilizzare il suo metodo anche con i fanciulli normali. Alla fine del 1906 viene chiamata dall'ingegnere Edoardo Talamo, direttore dell'Istituto Romano dei Beni Stabili, a organizzare le scuole materne per i figli di famiglie operaie del quartiere di San Lorenzo a Roma, e così si apre la sua prima Casa dei Bambini, pietra miliare nella pedagogia del Novecento. Qui l'asilo infantile non è più semplice luogo di custodia, ma una vera e propria scuola dell'infanzia, dove il singolo bambino deve essere osservato con metodi il più possibile obiettivi mentre si muove in modo naturale. In realtà, basta sottrarre il piccolo al condizionamento dell'adulto, alle inibizioni delle sue esigenze, perché si riveli la sua vera natura, ricca di potenzialità insospettate, di impegno, di concentrazione, di disciplina spontanea e di energia creativa. Lo scopo principale dell'educatore è quello di eliminare gli ostacoli che impediscono l'estrinsecarsi di tali predisposizioni e di concentrare e dirigere l'attività del bambino mettendolo a contatto con i materiali didattici. Da zero a tre anni la mente è di tipo «assorbente», nel senso che assimila inconsciamente i dati dell'ambiente e costruisce i fondamenti della personalità. Da tre a sei anni la mente diventa di tipo «cosciente», nel senso che cerca di mettere ordine nei dati acquisiti; ed è a questo punto che s'impone, secondo la Montessori, la necessità di un'educazione prescolastica con l'introduzione degli esercizi scientificamente studiati.

Nel 1909 esce la sua opera fondamentale: *Il Metodo della Pedagogia Scientifica applicato all'educazione infantile nelle Case dei Bambini*, che subirà successive rielaborazioni nel 1913, nel 1926, nel 1935 e nel 1950. Da allora in poi si moltiplicano le Case dei Bambini che richiamano l'attenzione di studiosi di tutto il mondo, e la Montessori s'impegna a tenere corsi che ottengono un grande successo internazionale. La pedagogista viene invitata in vari paesi, in Belgio, in Spagna, in Olanda, in America, e accolta come colei che ha liberato il bambino. Dappertutto si diffondono le scuole che adottano il suo metodo e si traducono le sue opere. Nel 1912, il pedagogista statunitense Kilpatrick, allievo di Dewey, viene in Italia per studiare il funzionamento delle Case dei Bambini. Nel 1913, al suo arrivo negli Stati Uniti, il «New York Tribune» la definisce «the most interesting woman of Europe». Dal 1915 al 1918, l'educatrice americana Helen Parkhurst, dopo essere stata in Italia nel 1914, organizza in America dei corsi sul nuovo metodo.

Da questi successi nasce il movimento montessoriano, dal quale nel 1924 avrà origine la scuola magistrale Montessori e l'Opera Nazionale Montessori. Nel 1929 viene fondata l'Associazione Montessori Internazionale (AMI). Oltre ai corsi nazionali per la formazione degli insegnanti, si moltiplicano i corsi e i congressi internazionali: per esempio a Londra nel 1927, a Helsingor in Danimarca nel 1929, a Nizza nel 1932 e nel 1934, e a Londra nel 1934. Nascono così varie scuole e società Montessori, di cui l'AMI è la coordinatrice. Ma sorgono anche le critiche, che si concentrano intorno ad alcuni temi: la mancanza di scientificità dei principi generali del metodo, la sottovalutazione della socialità, il disconoscimento della fantasia e i toni mistico-profetici.

La cultura italiana dimostra dapprima un prudente dissenso e poi una netta avversione. Ugo Spirito scrive nel 1921 un aspro saggio sugli errori del metodo Montessori; Raffaele Resta, pedagogo incaricato di una Commissione ispettiva comunale, propone nel 1921 la cessazione degli esperimenti del metodo in tutte le scuole; Carlo Zanzi, socialista, pedagogo, direttore didattico e deputato al Parlamento, giudica il metodo individualista, inutile e fallace; e Attilio Scarpa nel 1922 critica la concezione negativa della libertà, l'individualismo unilaterale, il vuoto sentimentalismo, l'empirismo e l'assenteismo della maestra. Altre critiche vengono dall'idealismo italiano che si ricollega in particolare al giudizio limitativo di Giuseppe Lombardo Radice che nel 1923, sotto

Gentile, sarà a capo della direzione generale dell'istruzione elementare; il suo giudizio viene ripreso dal pedagogista russo Sergej Hessen. Anche i pedagogisti cattolici, nonostante i tentativi di conciliazione della Montessori, respingono il nuovo indirizzo educativo: essi vedono nel suo metodo una minaccia alla loro tradizionale pedagogia fondata in gran parte sul metodo delle sorelle Agazzi.

Il clima del nascente fascismo si rivela sempre più ostile: non vi può essere infatti accordo tra un metodo che mira alla liberazione del bambino e un regime che esalta l'autoritarismo e l'obbedienza.

Negli anni Trenta, mentre la Montessori si dedica a diffondere con particolare impegno gli ideali del pacifismo, il regime fascista tenta di farne uno strumento di propaganda politica. Così, nel 1933, Maria e il figlio Mario si dimettono dall'Opera Nazionale e l'anno successivo la Montessori abbandona l'Italia. Si sposta in Spagna, in Inghilterra e in Olanda, dove erano sorte numerose scuole montessoriane, laiche e cattoliche. Alla vigilia della Seconda guerra mondiale, su invito del teosofo George Sidney Arundale, si reca in India e vi trascorre alcuni anni durante i quali cerca di diffondere il suo metodo; nello stesso tempo si apre a idee utopiche e profetiche e sviluppa una concezione di «educazione cosmica» che vorrebbe armonizzare da una parte gli uomini tra loro e dall'altra gli uomini con la natura.

Nel 1946 torna in Europa e nel 1947 rientra in Italia, dove ricostruisce l'Opera Nazionale. Muore nel 1952 nella città di Noordwijk in Olanda. Sulla sua tomba è scritto: «Io prego i bambini che possono tutto ad unirsi a me per la costruzione della pace negli uomini e nel mondo».

Educare alla libertà

I brani che seguono sono tratti dall'edizione critica di *Il Metodo della Pedagogia Scientifica applicato all'educazione infantile nelle Case dei Bambini*, Edizioni Opera Nazionale Montessori, Roma 2000.

Il curatore ha ammodernato alcuni vocaboli e la punteggiatura, mettendo tra parentesi quadre aggiunte, modifiche o tagli effettuati al testo originale.

L'ambiente scolastico

Il metodo dell'osservazione è stabilito da una sola base fondamentale: *la libertà degli scolari nelle loro manifestazioni spontanee.*

A ciò [diedi inizio disponendo] l'ambiente e quindi l'"arredamento scolastico". Se dicessi che chiesi un terreno coltivabile e uno spazio abbastanza vasto all'aria aperta – adiacenti alla scuola – non direi nessuna novità. Soltanto era forse nuovo il mio intento: che cioè tali terreni fossero in diretta comunicazione con la scuola (come ho ottenuto a Milano, dove una delle finestre dell'aula, ridotta a porta, conduce con una scaletta direttamente sul terreno) in modo che il bambino fosse libero di uscire e rientrare a suo beneplacito in ogni ora del giorno. Ma di ciò più tardi.

La principale modifica degli arredamenti scolastici è l'abolizione dei banchi: ho fatto costruire dei tavolini a gambe solidamente impiantate e larghe (prismi ottaedrici) in modo che non fossero soggetti a tremolio, ma *leggerissimi* così che due piccoli bambini di quattro anni potessero facilmente trasportarli – tavoli rettangolari ai quali, dal lato più lungo, possono sedersi comodamente due bambini e, un po' ristretti, anche tre. Inoltre ho fatto fabbricare delle seggioline da prima impagliate, ma poi (l'esperienza ne ha dimostrato l'eccessivo consumo) tutte di legno, leggere, e possibilmente costruite con eleganza (a Milano hanno fabbricato elegantissime seggioline in stile). Oltre a ciò ordinai poltroncine di legno a larghi braccioli e poltroncine di vimini. Ma oggi, si fabbricano anche piccoli tavoli quadrati a un solo posto e tavoli di più forme e misure, [che] si ricoprono con piccoli tappeti di biancheria e si adornano con vasi di piante e di fiori. In Svizzera, negli Asili Infantili riformati in Case dei Bambini, sono stati adottati tutti tavolini leggerissimi a un solo posto ed eleganti seggioline di legno che si fabbricano appositamente a Burgdorf. Fa parte dell'arredamento un lavabo molto basso in modo che il piano sia accessibile a un bambino di tre o quattro anni d'età, con piani laterali, tutti bianchi e lavabili, per tenervi saponi, spazzolini e asciugamani; e una larga sputacchiera che serve (si sa che i bambini non sputano) all'emissione dell'acqua di lavaggio dei denti. Le credenze sono basse – il loro piano superiore è all'altezza di un tavolino per adulto – ma molto lunghe, così da comprendere un notevole numero di sportelli, ciascuno dei quali è chiuso da una chiave diversa: la serratura è a portata di mano dei bambini, così che essi possano aprire e chiudere e disporre oggetti dentro ai reparti. Sul piano della credenza, lungo e stretto, sta una tovaglietta di biancheria; e [sopra], allineati, piccoli vasi di fiori, o una gabbia con uccelli, o una vaschetta con pesci vivi. Tutto intorno alle pareti, in basso così da essere accessibili a piccoli bambini, sono disposte lavagne intercalate da scatole in cui si ripongono i gessi e i cenci necessari a cancellare. Più al di sopra delle lavagne sono allineati quadri raffiguranti fanciulli, scene di famiglia, scene di campagna o animali domestici – tutte figure estremamente semplici e gentili. Abbiamo messo tra i quadri di famiglia nelle Case dei Bambini, a Roma, [uno che raffigura] la famiglia reale d'Italia. Un grande quadro, a colori, che riproduce la Madonna della Seggiola di Raffaello [troneggia poi] sulle pareti, e noi lo abbiamo scelto [per] figurare l'emblema, il simbolo delle Case dei Bambini. Infatti le Case dei Bambini rappresentano non solo un progresso sociale, ma un progresso dell'umanità; esse sono collegate strettamente con l'elevazione materna, con il progresso della donna e con la protezione della posterità. La Madonna ideata dal divino Raffaello è non solo bella e dolce come una sublime madre con il suo bambino adorabile e migliore di lei; ma, accanto a così perfetto simbolo della maternità viva e reale, sta la figura di Giovanni, che rappresenta l'umanità. A quel Giovanni alludeva il Cristo morente sulla Croce allorché, rivolgendosi a Maria, pronunziava le parole: «Madre, ecco il tuo figlio», con le quali parole il Cristo additava a sua madre l'adozione di tutta l'umanità. Nel quadro di Raffaello dunque si vede l'umanità che rende omaggio alla maternità, fatta sublime nel suo definitivo trionfo; e al tempo stesso si rappresenta come tale umanità sublime non leghi più solo la madre al proprio figlio, ma congiunga la madre con l'umanità intera. Inoltre si tratta di un'opera d'arte del maggiore artista italiano; e, se un giorno le Case dei Bambini si diffondessero nel mondo, il quadro di Raffaello starebbe a parlare eloquentemente dalla loro patria d'origine.

I fanciullini non potranno comprendere il significato simbolico della Madonna della Seggiola; ma vi vedranno qualcosa di più grande [di ciò che si trova] negli altri quadri raffiguranti madri, padri, nonni e bambini: e lo [serberanno] nel loro cuore [con] un sentimento e [con] un'aspirazione religiose.

Ecco l'ambiente.

Conosco la prima obbiezione che si presenta alla mente dei seguaci degli antichi metodi disciplinari. I bambini, movendosi, rovesceranno sedie e tavoli producendo chiasso e disordine; ma questo è un pregiudizio. Similmente le folle hanno creduto che fossero necessarie le fasce ai neonati e i cesti chiusi ai bambini che muovevano i primi passi. Così a scuola crediamo ancora necessario [...] il banco pesante, quasi inchiodato a terra. Tutto ciò riposa sul concetto che il fanciullo dovesse crescere nella immobilità e sullo strano pregiudizio che per subire un'azione educativa [egli] dovesse tenere una speciale posizione del corpo, come per esempio una posizione speciale credono di dover assumere quelli che pregano.

Imparare a muoversi

I tavoli, le sedie, le poltroncine leggere e trasportabili permetteranno al bambino di *scegliere* la posizione più gradita: egli potrà *accomodarsi* anziché *sedersi al posto*: e ciò sarà insieme un segno esterno di libertà e un mezzo di educazione. Se una mossa sgraziata del bambino farà cadere rumorosamente una sedia, egli avrà un'evidente prova della propria incapacità: la mossa medesima, tra i banchi, sarebbe passata inavvertita. Così il fanciullo avrà modo di correggersi e, quando si sarà corretto, ne avrà le prove palesi, evidenti: le sedie e i tavoli resteranno fermi e silenziosi al loro posto; allora vorrà dire che *il bambino avrà imparato a muoversi*. Invece con il metodo antico la prova della disciplina raggiunta era nel fatto contrario, cioè nella immobilità e nel silenzio del bambino stesso. Immobilità e silenzio che *impedivano* al fanciullo di imparare a muoversi con grazia e con discernimento, in modo che, quando poi si trovava in ambienti in cui non esistono i banchi, gli accadeva di rovesciare facilmente oggetti leggeri. Qui invece il fanciullo impara un contegno e un'abilità a muoversi che gli sarà utile anche fuori di scuola: egli, pur essendo bambino, diventerà una persona di maniere libere, ma corrette.

La maestra della Casa di Bambini di Milano fece costruire una lunga mensola accanto a una finestra, sulla quale disponeva i leggii per la scelta degli incastri di ferro necessari ai primi disegni [...]. Ma la mensola, troppo stretta, aveva l'inconveniente che i bambini, nella scelta dei pezzi, spesso lasciavano cadere in terra un leggio rovesciando con gran rumore gli incastri di ferro che vi erano sopra. La maestra pensò allora di far adattare meglio la mensola; ma tardando a venire il falegname, avvenne che i bambini giunsero a eseguire le loro manovre così abilmente che i leggii non si rovesciarono più, malgrado il loro incerto equilibrio.

L'abilità delle movenze dei fanciulli aveva riparato al difetto del mobilio.

La semplicità o l'imperfezione degli oggetti esterni servono dunque a sviluppare l'*attività* e la *destrezza* degli allievi.

Tutto ciò è logico, semplice, ed ora, enunciato e sperimentato, sembra a tutti evidente come l'uovo di Cristoforo Colombo.

Il metodo pedagogico dell'osservazione ha per base la libertà del bambino; e *libertà è attività*.

Disciplina e libertà

Ecco un altro principio difficile [da] intendere per i seguaci della scuola comune. Come ottenere la *disciplina* in una classe di fanciulli liberi?

Certamente nel nostro sistema abbiamo un concetto diverso della *disciplina*; se la disciplina è fondata sulla libertà, anch'essa deve necessariamente essere attiva. Non è detto che sia disciplinato solo un individuo [che sia stato] reso artificialmente silenzioso come un muto e immobile come un paralitico. Quello è un individuo annientato, non disciplinato.

Noi [definiamo] disciplinato un individuo che è padrone di se stesso e quindi può disporre di sé quando occorra seguire una regola di vita.

Tale concetto di *disciplina attiva* non è facile né [da comprendere] né [da ottenere], ma certo contiene un alto principio *educativo*, ben diverso dalla coercizione assoluta e indiscussa alla immobilità.

È necessaria alla maestra una tecnica speciale per condurre il fanciullo su tale via di disciplina, [lungo la quale egli] dovrà poi camminare tutta la vita avanzando indefinitamente verso la perfezione. Come il bambino, allorché impara a muoversi anziché a star fermo, si prepara non alla scuola, ma alla vita, [divenendo] un individuo *corretto per abitudine e per pratica* anche nelle sue manifestazioni sociali consuete, così [...] si abitua ora a una disciplina non limitata all'ambiente [della] scuola, ma estesa alla società.

La libertà del bambino deve avere come limite l'interesse collettivo [e] come *forma* ciò che noi chiamiamo educazione delle maniere e degli atti. Dobbiamo quindi impedire al fanciullo tutto quanto può offendere o nuocere agli altri o quanto ha significato di atto indecoroso o sgarbato. Ma tutto il resto, ogni manifestazione avente uno scopo utile, qualunque essa sia e sotto qualsiasi forma esplicata, deve essergli non solo permessa, ma deve venire *osservata* dal maestro. Ecco il punto essenziale. Dalla preparazione scientifica il maestro dovrebbe acquisire non solo la capacità, ma [anche] l'interesse a [diventare un] osservatore dei fenomeni naturali. Egli nel nostro sistema dovrà essere [più passivo che attivo]; e la sua pazienza sarà composta di ansiosa curiosità scientifica e di rispetto assoluto [verso il] fenomeno che vuole osservare. Bisogna che il maestro intenda e senta la sua posizione di *osservatore*: l'*attività* deve stare nel *fenomeno*.

Tale criterio [deve essere riportato] nella scuola dei piccini che dispiegano le prime manifestazioni psichiche della loro vita. Noi non possiamo sapere le conseguenze di un *atto spontaneo* soffocato quando il bambino comincia appena ad agire: forse [...] *soffochiamo la vita stessa*. L'umanità che si manifesta nei suoi splendori intellettuali nella tenera e gentile età infantile, come il sole si manifesta all'alba e il fiore al primo spuntar di petali, dovrebbe essere *rispettata* con religiosa venerazione; e, se un atto educativo sarà efficace, potrà essere solo quello tendente ad aiutare il completo dispiegamento della vita.

Per far questo è necessario evitare rigorosamente l'*arresto di movimenti spontanei* e l'*imposizione di atti per opera dell'altrui volontà*; a meno che non si tratti di azioni inutili o dannose, appunto perché queste devono essere *soffocate, distrutte*.

Il nuovo metodo

A ottenere tali intenti dovetti indurre maestre non preparate alla osservazione scientifica, anzi provette negli antichi metodi imperanti nelle comuni scuole. Ciò mi convinse della notevole distanza tra questo e quel sistema. Anche una maestra intelligente che abbia compreso il principio trova molta difficoltà a metterlo in pratica. Essa non [riesce a] intendere il suo compito apparentemente passivo, come quello dell'astronomo che siede [immobile] innanzi al telescopio mentre i mondi vorticosamente roteano per l'universo. Questa idea che la vita e tutte le cose *vanno da sé* e che per studiare [la vita], indagare i suoi segreti o dirigerla bisogna osservarla e conoscerla senza intervenire non può essere facilmente *assimilata* ed *attuata*. La maestra ha imparato troppo ad essere l'unica attività libera della scuola investita del compito di soffocare l'attività degli allievi. Quando essa non ottiene l'ordine e il silenzio, si guarda intorno smarrita come chiedendo scusa al mondo e chiamandolo a testimone della sua innocenza: invano le si ripete che il disordine del primo momento è necessario. E quando viene obbligata a non fare altro che *guardare*, ella si chiede se non debba dare le dimissioni, poiché non [si sente più una] maestra.

Ma quando poi comincia a dover discernere quali sono gli atti da impedire e quali quelli da osservare, la maestra antica sente un vuoto in sé e comincia subito a domandarsi se non sarà inferiore al suo nuovo compito.

Infatti colei che è impreparata si troverà per lungo tempo impotente o smarrita, mentre *sentirà* tanto più presto meraviglia e interesse [...] quanto più vasta sarà la sua cultura scientifica e la sua pratica nell'esperimento.

Il Notari (1878-1950) nel suo romanzo *Mio zio miliardario*, che è una critica dei costumi moderni, fa risaltare, con la vivezza che gli è propria, un esempio molto eloquente degli antichi metodi di disciplina. Lo zio è stato evidentemente un bambino molto difficile e, dopo aver arrecato abbastanza danni da mettere a soqquadro una città, viene chiuso per disperazione in una scuola. Qui lo zio, cioè il bambino Fufù, ha il primo moto di gentilezza e la prima commozione, quando, vicino alla gentile Fufetta, si accorge che la bambina è mesta e [non ha la] colazione.

«Si guardò intorno, guardò Fufetta, si alzò, prese il cestino e senza dire una parola glielo pose in grembo.

«Indi s'arretrò di qualche passo e, senza sapere né come né perché, chinò il capo sul petto, e scoppiò in un pianto dirotto.

«Mio zio non seppe spiegare la ragione di quel pianto improvviso.

«Aveva visto per la prima volta due occhi buoni, pieni di lacrime dolorose, ed aveva sentito una subitanea commozione ed insieme una gran vergogna: la vergogna di mangiare vicino a un essere che non mangiava.

«Non sapendo esprimere l'impulso dei suoi sentimenti, né che cosa dire per fare accettare l'offerta del suo cestino, né che cosa inventare per simulare il valore della sua offerta, era rimasto vittima del primo urto profondo nella sua anima nascente.

«Fufetta tutta confusa corse da lui rapidamente.

«Con una delicatezza infinita gli scostò il gomito nel quale aveva nascosta la faccia: " Mica piangere, Fufù..." gli disse piano quasi supplicandolo.

«E pareva parlasse a una bambola di cenci tanto lei aveva il viso intento e materno e lui l'aria grulla e [timida].

«Allora la fanciulla lo abbracciò e mio zio, cedendo ancora all'impulso che gli gonfiava il cuore, tese il collo, sporse le labbra e, senza sapere, senza guardare, muto e ancora singhiozzante, la baciò sul mento.

«Trasse un profondo sospiro, si passò le maniche sulla faccia per togliersi dagli occhi e dal naso le umide tracce della sua commozione e si rasserenò.

«[In quel momento] una voce accidiosa [gridò] in fondo al cortile: "Ehi!... voi due, laggiù... Svelti... dentro!".

«Era la guardiana...

«Essa soffocava quel "primo moto" dell'anima di un ribelle con la stessa brutalità cieca con cui avrebbe chiamato due che si bastonavano.

«Era l'ora di rientrare e tutti dovevano rientrare.»

Così indistintamente vedevo fare nei primi tempi dalle mie tirocinanti delle Case dei Bambini: esse, quasi involontariamente, richiamavano i bambini all'immobilità, senza *osservare e distinguere* i movimenti. C'era per esempio una bambina che riuniva le compagne in un gruppo e poi, in mezzo ad esso, si muoveva parlando e facendo grandi gesti. La maestra subito accorreva fermandole le braccia ed esortandola a star tranquilla: ma io, osservando la bambina, vidi che faceva da maestra e da madre alle altre, insegnava loro le preghiere e, con grandi gesti, le invocazioni ai santi e il segno di croce: [dunque] già si manifestava come una *dirigente*. Un altro bambino, che [solitamente] faceva gesti scomposti ed era giudicato quasi un instabile, un anormale, si mise un giorno, con intensa attenzione, a spostare i tavolini. Subito gli furono addosso per farlo star fermo perché faceva troppo rumore; ma quella era una prima manifestazione di *movimenti coordinati a uno scopo*, nella quale il bambino [esprimeva] le sue tendenze, e quindi era un'azione che bisognava rispettare.

Infatti, dopo questa [azione], egli cominciò ad esser tranquillo come gli altri bambini ogni volta che aveva qualche piccolo oggetto da spostare sul suo tavolino.

Qualche volta accadeva che, mentre la direttrice riponeva nelle scatole gli oggetti adoperati, una bambina le si avvicinava prendendo quegli oggetti con l'evidente desiderio d'imitarla: [il] primo moto della maestra era di rimandarla al posto con la solita imposizione: «Lascia stare, vai al posto», ma [...] la bambina esprimeva con tale atto la tendenza ad un'azione utile; ella sarebbe riuscita bene per esempio negli esercizi di ordine eccetera. Un'altra volta i bambini si erano raggruppati chiassosamente nella sala intorno a una bacinella d'acqua dove si muovevano dei galleggianti. Avevamo a scuola un piccino di appena due anni e mezzo: egli era rimasto indietro, solo, e si vedeva evidentemente animato da intensa curiosità. Io l'osservavo da lontano con grande interesse: si avvicinò prima al gruppo, scansò con le manine dei bimbi, capì che non avrebbe avuto la forza di farsi largo e allora [si fermò] e si guardò intorno. Era interessantissima la mimica del pensiero in quel volto infantile; se avessi avuto una macchina fotografica, avrei ripreso quell'espressione. Adocchiò una seggiolina ed evidentemente pensò di portarla dietro il gruppo dei ragazzi e montarvi sopra. Si mosse con il viso illuminato di speranza verso la seggiolina: ma in quel momento la maestra lo prese brutalmente in braccio (o forse gentilmente, secondo lei) e gli fece vedere la bacinella da sopra il gruppo dei compagni dicendo: «Vieni, caro, vieni, poverino, guarda anche tu!». Certo il bambino, vedendo i galleggianti, non provò la gioia che stava per sentire vincendo l'ostacolo con le sue sole forze, e la visione di quegli oggetti non gli portò alcun vantaggio, mentre [lo] sforzo intelligente avrebbe sviluppato le sue forze interiori. La maestra *impedì al bambino* di educare se stesso senza, in compenso, portargli alcun bene. Egli stava per sentirsi un vittorioso, e si trovò tra due braccia soccorritrici come un impotente. Nel suo visino si spense quell'espressione di gioia, di ansietà, di speranza che tanto mi aveva interessata, e rimase l'espressione stupida del bambino che sa che altri agiranno per lui.

Quando le maestre furono stanche delle mie osservazioni, cominciarono a lasciar fare ai bambini tutto quello che volevano: ne vidi [alcuni] con i piedi sul tavolino e con le dita nel naso senza che le maestre intervenissero a correggerli; ne vidi [altri] dare spinte ai compagni e assumere nel volto un'espressione di violenza senza che la maestra facesse la più piccola osservazione. Allora dovetti intervenire pazientemente per far vedere con quale assoluto rigore occorra impedire, e a poco a poco soffocare, tutti gli atti che non si devono compiere, affinché il bambino abbia un chiaro discernimento tra il bene e il male.

Questo è il *punto di partenza* necessario [alla] disciplina, e il tempo più faticoso per la maestra. La prima nozione che i fanciulli debbono acquistare per essere attivamente disciplinati è quella del *bene* e del *male*: e il compito dell'educatrice sta nell'impedire che il fanciullo confonda il bene con l'immobilità e il male con l'attività, così come avveniva con le forme dell'antica disciplina. Poiché nostro scopo è di disciplinare *all'attività, al lavoro, al bene*; non *al-*

l'immobilità, alla passività, all'obbedienza. Una sala in cui tutti i bambini si muovessero utilmente, intelligentemente e volontariamente senza fare alcuno sgarbo, mi sembrerebbe molto ben disciplinata.

La spontaneità del bambino

Disporre i bambini allineati come in una scuola comune, assegnare a ogni piccino un posto e pretendere che i fanciulli vi rimangano fermi, osservanti dell'ordine convenuto, ciò può essere attuato in seguito come una *mossa di educazione collettiva*.

Anche nella vita accade di dover rimanere tutti seduti e fermi per assistere, per esempio, a un concerto o ad una conferenza.

E sappiamo come, a noi adulti, ciò costi [un] non piccolo sacrificio!

Si possono dunque [tenere] i bambini disponendoli al *loro* posto, in *ordine*, cercando di far loro *intendere l'idea* che così disposti stanno bene, che è un bene stare così, che nella sala [la loro sistemazione] ordinata e tranquilla è una *bella disposizione*; allora lo stare al posto *fermi* e *zitti* risulta da una specie di *lezione*, non da una imposizione. Far capire tale *idea* senza curarsi della pratica, in modo che essi *imparino*, *assimilino* un principio di ordine collettivo – ecco l'importante.

Se dopo aver compreso questa *idea*, essi si alzano, parlano, cambiano posto, non lo fanno più come prima senza saperlo e senza pensarci, ma lo fanno perché *vogliono* alzarsi, parlare eccetera: cioè da quello *stato di riposo e di ordine* ben noto, essi partono, per intraprendere qualche azione volontaria; e, sapendo che vi sono azioni proibite, saranno spinti a ricordare il discernimento tra il bene e il male.

Il *muoversi dei bambini* dallo stato di ordine diventa sempre più coordinato e perfetto con il passar dei giorni; infatti essi imparano a riflettere sulle proprie azioni. Ora l'osservazione del modo in cui [essi] agiscono passando dai primi movimenti disordinati a quelli *ordinati spontanei*, ecco il libro della maestra, ecco il libro ispiratore delle sue azioni, quello in cui soltanto potrà leggere e studiare per diventare una buona educatrice. Poiché il bambino con simili esercizi fa una specie di selezione delle proprie *tendenze*, prima confuse nel disordine incosciente dei suoi movimenti.

È meravigliosa la *differenza individuale* che spiccatamente si manifesta usando tale procedimento: il bambino, cosciente e libero, *rivela se stesso*.

[Coloro] che continuano a star fermi al loro posto, apatici, dormienti, altri che si alzano per gridare, battere, rovesciare oggetti e quelli infine che vanno a compiere un'azione determinata come mettere una sedia di traverso e provare a sedervisi, spostare un tavolino, guardare un quadro eccetera, si rivelano [dei] piccini ora tardivi nello sviluppo mentale o forse malati, ora tardivi nella formazione del carattere, ora infine intelligenti, adattabili all'ambiente, capaci di esprimere i loro gusti, la loro tendenza, il loro potere di attenzione spontanea, i limiti della loro [energia].

Il concetto di libertà nel bambino non può essere semplice come quello accennato a proposito dell'osservazione di piante, d'insetti eccetera. Perché il bambino, per le caratteristiche proprie dell'impotenza nella quale nasce e per la sua qualità di individuo sociale, è circondato da *legami*, i quali *limitano* la sua attività.

Un metodo educativo che abbia per base la *libertà* deve intervenire per aiutare il bambino a conquistarla e deve avere per mira la [sua] liberazione da quei legami che ne limitano le manifestazioni spontanee. A mano a mano che il bambino procederà per questa via, le sue manifestazioni spontanee saranno più *limpide di verità*, rivelatrici della sua natura. Ecco perché la prima forma d'intervento educativo deve avere lo scopo di condurre il bambino sulle vie dell'indipendenza.

L'educazione all'indipendenza

Non si può essere liberi se non si è indipendenti; quindi, al fine di raggiungere l'indipendenza, le manifestazioni attive della libertà personale debbono essere guidate fin dalla primissima infanzia. Dal momento in cui vengono svezzati, i piccoli si mettono in cammino [lungo] la rischiosa via dell'indipendenza.

Che cosa significa un bambino svezzato? Un neonato che si è reso indipendente dal seno materno. Lasciata quest'unica fonte di nutrimento, egli saprà scegliere fra un centinaio di pappe, il che vale a dire che i suoi mezzi di [sussistenza si saranno] moltiplicati; il bambino sarà capace di scegliere, mentre dapprima doveva limitarsi ad un'unica forma di nutrimento.

Però è ancora un essere dipendente, perché non è capace di camminare, di lavarsi o di vestirsi, e non può *chiedere* ciò che vuole in linguaggio intelligibile. Egli è lo *schiavo* di tutti. Comunque, all'età di tre anni, il bambino dovrebbe essersi fatto in gran parte indipendente e libero.

Non abbiamo ancora compreso nel suo vero senso l'alto concetto dell'*indipendenza* poiché le condizioni sociali in cui viviamo sono ancora *servili*. In un periodo di civiltà in cui esistono i servi, le condizioni sociali non possono alimentare l'idea dell'indipendenza, proprio come nei giorni della *schiavitù* l'idea della libertà era oscura.

I nostri servi non sono i nostri dipendenti; siamo noi piuttosto i loro dipendenti. Non è possibile tollerare in una struttura sociale un errore umano così radicale, senza che esso ci conduca ad effetti generali di morale inferiorità. Noi crediamo molto spesso di essere indipendenti, perché nessuno ci comanda, anzi noi comandiamo gli altri; ma il signore che ha bisogno di chiamare il servitore è un dipendente della [...] propria inferiorità. Il paralitico che non può levarsi le scarpe per un fatto patologico e il principe che non può levarsele per un fatto sociale sono infine nella medesima condizione.

Il popolo che ammette la servitù, che crede un vantaggio dell'uomo l'essere in tutto servito e non, invece, *aiutato* dall'uomo, include come istinto il servilismo; infatti facilmente ci precipitiamo a *servire*, come facendo un tuffo in piena *cortesia*, in piena *gentilezza*, in piena *bontà*.

Invece *chi è servito è leso* nella sua indipendenza. Questo concetto sarà il fondamento della dignità degli uomini futuri: «Non voglio essere servito, perché non sono un impotente, ma dobbiamo aiutarci gli uni gli altri, perché siamo esseri socievoli»: ecco ciò che bisogna conquistare prima di sentirsi veramente liberi.

Un'azione pedagogica efficace sui teneri bambini deve

essere quella di *aiutarli* ad avanzare sulla via dell'indipendenza. Aiutarli ad imparare a camminare senza aiuto, a correre, a salire e scendere le scale, a rialzare oggetti caduti, a vestirsi e a spogliarsi, a lavarsi, a parlare per esprimere chiaramente i propri bisogni, a cercare con tentativi di giungere al soddisfacimento dei [propri] desideri – ecco l'educazione all'indipendenza.

Noi *serviamo* i bambini; e un atto servile verso di loro è non meno fatale di un atto che tende a *soffocare* un loro moto spontaneo utile.

Crediamo che i bimbi siano simili a fantocci inanimati: li laviamo, li imbocchiamo come essi fanno con la bambola. Non pensiamo mai che [il nostro dovere] verso il bambino, il quale *non fa*, non *sa fare*, ma dovrà poi fare ed ha i mezzi fisio-psicologici per imparare a fare, è senza eccezione quello di *aiutarlo* alla conquista di atti utili. La madre che imbocca il bambino senza compiere il minimo sforzo per insegnargli a tenere il cucchiaio e a cercare la [propria] bocca, o che almeno non mangia ella stessa invitandolo a guardare come fa, non è una buona madre. Ella offende la dignità umana di suo figlio, lo tratta come un fantoccio, mentre è un uomo affidato [dalla natura] alle sue cure. Chi non comprende che *insegnare* a un bambino a mangiare, a lavarsi e a vestirsi, è [un] lavoro ben più lungo, difficile e paziente che imboccarlo, lavarlo e vestirlo?

Il primo è il lavoro dell'educatore: il secondo è il lavoro inferiore e facile del servo; [non solo] un lavoro inferiore e facile, ma [anche un lavoro] pericoloso che chiude vie, pone ostacoli alla vita che si svolge e, oltre alle conseguenze immediate, ha più gravi conseguenze lontane. Il signore che ha troppi servi, non solo diviene sempre più loro dipendente e loro schiavo, ma i suoi muscoli s'indeboliscono nell'inattività e perdono infine la capacità naturale dell'azione: la mente di chi, per avere ciò di cui ha bisogno, non lavora, ma comanda, si atrofizza e languisce.

Se un giorno, in un lampo di luce della propria coscienza, chi fu servito volesse conquistare la propria libertà indipendente, si accorgerebbe forse di non averne più la forza. Questi criteri dovrebbero essere presenti ai genitori delle classi sociali privilegiate!

Tutto quanto è aiuto inutile è impedimento allo sviluppo delle forze naturali.

Le donne orientali portano i calzoni e le donne europee portano le sottane; ma le prime più ancora delle seconde hanno come forma di educazione quella di *non muoversi*. Ciò conduce al fatto che l'uomo lavora anche per la donna, e la donna [non] utilizza le sue attività e languisce nella schiavitù. Essa non è soltanto mantenuta e servita; è anche diminuita nella sua umanità. Come individuo sociale è uno scarto, ed è pure inferiore in tutte le risorse tendenti a salvare la vita.

Illustri [questo concetto] il seguente esempio: un carrozzino contenente padre, madre e un fanciullo corre per una strada di campagna. Un brigante bendato e armato di fucile aggredisce la carrozza con la nota formula: «O la borsa o la vita». A questo fatto unico le tre persone agiscono in modo diverso: l'uomo che è un tiratore ed è armato di rivoltella, la impugna arditamente contro l'assassino; il fanciullo armato solo della libertà e [della] leggerezza delle proprie gambe, manda un grido e fugge all'impazzata per la via.

La donna che non ha armi di nessun genere, né artificiali né naturali, perché le sue gambe, già poco abili alla corsa, sono tenute prigioniere dalle vesti, manda un fioco sospiro e cade in deliquio. Le tre diverse reazioni sono in rapporto con lo stato di libertà e d'indipendenza propria dei soggetti; la donna svenuta è colei alla quale i cavalieri portavano il mantello e raccoglievano gli oggetti caduti a terra, per risparmiarle ogni mossa.

Il pericolo del servilismo e della dipendenza non consiste soltanto nel "consumo inutile della vita", che conduce all'impotenza, ma nello sviluppo di reazioni che hanno significato anch'esse di perversione e d'impotenza; e possono paragonarsi al pianto delle isteriche o alla convulsione degli epilettici. Sono le azioni di *prepotenza*. La prepotenza si sviluppa come una parallela dell'impotenza; essa è la manifestazione attiva del sentimento di chi conquista con il lavoro altrui; quindi il padrone è un prepotente verso il servo.

Immaginiamo un operaio abile e saggio, capace non solo di molto e perfetto lavoro, ma anche di consiglio nella sua officina [grazie alla] serenità di pensiero con cui può padroneggiare l'insieme dell'azienda. Egli sarà spesso il paciere, colui che sorride innanzi all'ira altrui. Non ci farebbe però nessuna meraviglia sapere che in casa questo operaio sgrida la moglie se la minestra non è abbastanza gustosa o abbastanza pronta e facilmente s'accende all'ira: in casa non è più l'abile operaio – l'abile operaia è la moglie, che lo serve e lo compatisce. Egli perciò è un uomo sereno là dove è possente, ed è prepotente là dove è servito; forse, se imparasse a cucinar bene la minestra, diventerebbe un uomo perfetto.

L'uomo che fa da sé [concentra] le [...] forze sulle proprie azioni, conquista se stesso, moltiplica il suo potere e si perfeziona. Bisogna fare delle generazioni future uomini *potenti*, cioè indipendenti e liberi.

L'abolizione dei premi e dei castighi esterni

Bastano tali principi, e l'abolizione dei premi e dei castighi esterni viene da sé. L'uomo comincia a sentire il vero, l'unico premio che non lo ingannerà mai: la nascita del potere umano e della libertà nella sua vita interiore.

[...] Fui meravigliata io stessa dall'esperienza.

Eravamo ai primi mesi di vita delle Case dei Bambini e le maestre non avevano ancora potuto attuare praticamente i principi pedagogici della libertà. Specialmente una di esse si industriava, quando ero assente, a rimediare alle mie idee, introducendo un po' dei metodi ai quali era stata avvezzata. Così un giorno, in una visita improvvisa, sorpresi un bambino, tra i più intelligenti, con una gran croce greca d'argento sostenuta da un vistoso nastro bianco appuntata sul petto, e un bambino seduto in una poltroncina in mezzo alla stanza.

Il primo era stato premiato, il secondo era in castigo. La maestra, almeno in mia presenza, non interveniva con nessuna azione, così le cose rimasero come le trovai. Tacqui, e mi misi ad osservare. Il bambino della croce si muoveva avanti e indietro trasportando oggetti dal suo tavolino al tavolo della maestra e viceversa, assai affaccendato e attento. Egli, [nei suoi movimenti], passava innanzi alla poltroncina del castigato. [A un certo punto] gli cadde in terra la croce e il fanciullo della poltroncina la raccolse e la guardò bene da tutti i lati, poi disse al compagno: «Vedi che t'è caduto?». Il bambino si voltò e guardò l'oggetto con indifferenza; la sua espressione sembrava dire: "Non m'interrompete", e la voce disse: «Che me ne importa?». «Non t'importa?» soggiunse con grande calma il castigato. «Allora me la metto io.» E l'altro rispose: «Sì, sì, mettila tu» con un tono che sembrava dire: "Ma lasciami in pace!". Il ragazzo sulla poltroncina si appuntò lentamente la croce sul petto, la guardò bene, e si sistemò [...] più comodamente, distendendo le braccia sui braccioli. Le cose rimasero così, ed era giusto. Quel pendaglio poteva soddisfare il castigato, non il bambino attivo contento del suo lavoro.

Un giorno conducevo in una visita a un'altra Casa dei Bambini una signora, la quale lodò molto i fanciulli, e infine in loro presenza aprì una scatola da cui trasse molte medagliette d'ottone tutte rilucenti e legate con un nastrino rosso. «La signora maestra le appunterà sul petto dei bambini più buoni e più bravi» disse. Io, siccome non avevo l'obbligo di istruire questa signora sui miei metodi, tacqui; la maestra prese la scatola. Allora un piccino di quattro anni, intelligentissimo, che sedeva tranquillo al primo tavolino, corrugando la fronte e in atto di protesta, si mise a gridare più volte: «Ai maschi no, però; non però ai maschi!».

Quale rivelazione! Il piccino aveva già la coscienza d'essere tra i più buoni e i più bravi, benché nessuno glielo avesse fatto rilevare, e non voleva essere offeso da quel premio. Non sapendo come difendersene, invocò la sua qualità di maschio!

In quanto ai castighi, ci siamo più volte trovate innanzi a bambini che disturbavano gli altri, senza dare ascolto alle nostre esortazioni; essi venivano subito osservati in modo particolare dal medico, ma molto spesso si trattava di fanciulli normali. Ponevamo allora un tavolino in un angolo della sala e vi isolavamo il fanciullo, facendolo sedere in una poltroncina davanti ai compagni e dandogli tutti gli oggetti che desiderava. Questo isolamento è riuscito sempre a calmare il fanciullo: egli dalla sua posizione vedeva l'insieme dei compagni, e la loro maniera d'agire era una lezione oggettiva efficacissima sul contegno, [così] come non potevano esserlo le parole della maestra; a poco a poco rilevava i vantaggi di essere in compagnia e desiderava far come gli altri. Abbiamo ricondotto così alla disciplina tutti i bambini che [ad essa] sembravano in principio ribelli. Il fanciullo isolato era per lo più meta di cure speciali, come se fosse un bisognoso o un malato: io stessa quando entravo, andavo prima di tutti diritta a lui, facendogli carezze come a un [piccolino]; dopo mi rivolgevo agli altri interessandomi al loro lavoro, come se fossero stati uomini. Non so che cosa avvenisse nella loro anima; ma certo fu sempre definitiva e profonda la "conversione" degli isolati. Essi diventavano poi orgogliosi di saper lavorare e di avere un contegno dignitoso, e per lo più serbavano un tenero affetto per la maestra e per me.

La libertà in pedagogia

Da un punto di vista biologico, il concetto di libertà nell'educazione della prima infanzia deve intendersi come condizione adatta al più favorevole *sviluppo* della personalità, così dal lato fisiologico come dal lato psichico: esso include perciò il libero svolgimento della coscienza. Quasi l'educatore fosse spinto da un profondo culto della vita dovrebbe rispettare, osservando con interessamento umano, lo svolgersi della vita infantile. Ora la vita infantile non è un'astrazione: è *la vita dei singoli bambini*. Esiste una sola reale manifestazione biologica: *l'individuo vivente*; e verso individui singoli, ad uno ad uno osservati, deve rivolgersi l'educazione, cioè l'aiuto attivo alla normale espansione della vita. Il bambino è un corpo che cresce e un'anima che si [sviluppa]; la duplice forma fisiologica e psichica ha una fonte eterna: la vita; le sue potenzialità misteriose noi non dobbiamo sviscerarle né soffocarle, ma *attenderne* la successiva manifestazione.

Il fattore *ambiente* è indubbiamente *secondario* nei fenomeni della vita: esso può modificare, [così] come può aiutare o distruggere, ma non crea mai. Le moderne teorie dell'evoluzione, da [quella di] Nägeli (1817-1891) a [quella di] De Vries (1848-1935), considerano in tutto lo svolgimento del duplice albero biologico – animale e vegetale – il fattore interno come [l'elemento] essenziale nella trasformazione della specie e nella trasformazione dell'individuo. Le origini dello *sviluppo*, sia nella successione filogenetica [sia] in quella ontogenetica, sono *interiori*. Il bambino non cresce *perché* si nutre, *perché* respira, *perché* [vive] in condizioni di clima adatte; cresce perché la vita potenziale in lui si svolge facendosi attuale, perché il germe fecondo da cui proviene la sua vita si sviluppa, secondo il destino biologico fissatovi dall'eredità. Infatti l'uomo adulto si nutre, respira, [vive nelle] medesime condizioni barometriche e termiche, ma non cresce. La pubertà non viene *perché* il bambino rise o danzò o fece la ginnastica o si nutrì meglio del solito, ma perché è *giunto quel fenomeno fisiologico*. La vita si manifesta, la vita crea, la vita dona: e si contiene entro limiti e leggi insuperabili. I caratteri *fissati* nella specie non mutano; essi possono soltanto variare.

Questo concetto così brillantemente illustrato dal De Vries nella sua *Mutationstheorie* illustra anche i limiti dell'educazione.

Noi possiamo agire sulle *variazioni*, [che] sono in rapporto con l'ambiente ed hanno limiti le cui oscillazioni si diversificano nelle specie e negli individui, ma non sulle *mutazioni*. Le mutazioni sono collegate con le fonti stesse della vita e la loro potenza travolge le cause modificatrici dell'ambiente.

Una specie, per esempio, non potrà *mutare* in un'altra per nessun fenomeno di *adattamento*; [così] come un gran genio umano non sarà soffocato da nessun pregiudizio, da nessuna falsa forma educativa.

L'*ambiente* agisce tanto più sulla vita quanto meno questa è *fissa* e più è *debole*.

Esso può agire in due opposti sensi: favorendo e soffocando. Molte specie rigogliose di palme sono splendide nei climi torridi, perché [questi sono] favorevoli al loro sviluppo; ma molte specie di animali e di vegetali sono scomparse dalle regioni in cui non poterono adattarsi.

La vita è una superba dea che avanza [abbattendo] gli ostacoli che si oppongono al suo trionfo nell'ambiente: questa è la verità fondamentale; siano specie o siano individui, persiste sempre la schiera dei trionfatori che la incarnano.

Quando perciò parliamo di "libertà" del piccolo bambino, non intendiamo considerare le azioni esterne disordinate che i bambini abbandonati a se stessi compirebbero come sfogo di un'attività senza scopo, ma diamo alla parola il senso profondo di "liberazione" della sua vita da ostacoli che ne impediscono il normale sviluppo.

Il bambino ha una grande missione che lo spinge: quella di crescere e diventare un uomo. Essendo egli inconsapevole della sua missione e dei suoi bisogni interni, ed essendo gli adulti assai lontani dalla possibilità di interpretarli, si sono create intorno al bambino, nella nostra vita sociale di famiglia e di scuola, molte errate circostanze che ostacolano l'espandersi della vita infantile. Rimuovere per quanto è possibile queste circostanze, studiando più profondamente i bisogni intimi e occulti della prima infanzia, per corrispondervi col nostro aiuto, è *liberare* il bambino.

Come far lezione

... Le parole tue sien conte.
Dante, *Inferno*, canto X

[Affinché] nella scuola per il regime della libertà gli scolari possano manifestare le loro naturali tendenze – e ammesso di aver preparato a ciò l'*ambiente* e i *soggetti* – la maestra non deve limitare l'azione sua all'*osservazione*; ma anche procedere all'*esperimento*.

La *lezione* corrisponde a un *esperimento*. [Quindi la maestra] tanto meglio saprà far lezione quanto più [sarà] iniziata agli studi di psicologia sperimentale. In ogni modo è necessario che questa tecnica speciale del metodo sia appresa con un tirocinio nelle Case dei Bambini, essendo più difficile di quella che si riferisce al metodo per la disciplina.

Se in un primo tempo la disciplina non insegna ancora ai bambini l'ordine collettivo nella scuola, ma questo viene solo in seguito agli esercizi disciplinari atti a far discernere il bene dal male, evidentemente la maestra *non potrà fare lezioni collettive*. E queste saranno sempre molto rare se i bambini appunto, essendo liberi, non hanno l'obbligo di rimanere al posto tranquilli e pronti ad ascoltare la maestra o a guardare quanto essa fa.

Le *lezioni collettive* infatti hanno un'importanza così secondaria che da noi sono state pressoché abolite.

La caratteristica [delle lezioni individuali] deve essere la *brevità*. Le parole non sempre sono necessarie: spesso mostrando semplicemente l'uso dell'oggetto, la lezione è sufficiente. Ma quando occorre *parlare* e iniziare il bambino all'uso dei "materiali di sviluppo e di cultura", la caratteristica di tale lezione è la brevità; [la] sua perfezione sta nel ricercare il "minimo necessario e sufficiente". Dante insegna a questi maestri quando dice: «Le parole tue sien conte [misurate]».

Una lezione diventerà tanto più perfetta [quante più] parole saprà risparmiare; e una cura speciale deve essere appunto quella, nella preparazione della lezione, di *contare* e *vagliare le parole* che si dovranno pronunciare.

Un'altra qualità caratteristica della lezione è la sua *semplicità*: essa deve essere sfrondata da tutto quanto non è assoluta verità. Che la maestra non debba perdersi in vane parole, ciò è incluso nella prima qualità: questa seconda è dunque un carattere della prima, cioè le parole "conte" debbono pur essere le più semplici e riferirsi al vero.

La terza qualità della lezione è la sua *obiettività*, in modo che la personalità della maestra scompaia, e rimanga evidente solo l'*oggetto* sul quale vuol [richiamare] l'attenzione del bambino. La lezione breve e semplice è per lo più una spiegazione dell'oggetto e dell'uso che il bambino può farne.

In tali lezioni deve poi essere guida fondamentale il *metodo dell'osservazione*, nel quale è inclusa la libertà del fanciullo. Così la maestra *osserverà* se il fanciullo s'interessa all'oggetto – come vi si interessi, per quanto tempo eccetera – notando pure la mimica del volto, e avrà cura di non ledere il principio di libertà. Provocando un qualsiasi *sforzo*, [essa] non saprebbe più quale [sia] la *spontanea* attività del bambino. Se dunque la lezione, preparata rigorosamente nella sua brevità, semplicità e verità, non è intesa dal bambino come spiegazione dell'oggetto, la maestra deve avere due avvertenze: 1° *di non insistere* ripetendo la lezione; 2° *di non far capire* al bambino *che ha sbagliato* o che non ha inteso, perché ciò potrebbe arrestare per molto tempo quel misterioso impulso ad agire che è tutto il fondamento del progresso. Alcuni esempi serviranno a delucidare tale concetto.

Supponiamo per esempio che la maestra voglia insegnare a un bambino i due colori rosso e turchino. Essa vuol cercare di attrarre sull'oggetto l'attenzione del bambino; gli dice dunque: «Guarda! stai attento!». [Poi,] per insegnargli i colori, dice mostrando il rosso: «Questo è *rosso*!» (facendo rilevare a voce alta e con lenta pronuncia la parola *rosso*), e mostrando l'altro colore: «Questo è *turchino*». Per verificare se il bambino ha capito gli dice: «Dammi il rosso, dammi il turchino». Supponiamo che il fanciullo sbagli: la maestra non ripete né insiste: sorride, accarezza il fanciullo e ritira i colori.

Le maestre comuni restano meravigliate di tale semplicità; esse dicono per lo più: «Questo sanno farlo tutti». Certamente anche qui è un poco la storia dell'uovo di Cristoforo Colombo; ma il fatto è che non sanno farlo tutti. La *misura* nelle proprie azioni è praticamente molto difficile, tanto più nelle maestre comuni preparate con gli antichi metodi: esse flagellano il bambino con un diluvio di parole inutili e di menzogne.

Per esempio, nel nostro caso, una maestra comune si sarebbe rivolta alla collettività, dando così molta importanza alla semplice cosa che deve insegnare [e] obbligando tutti i bambini a seguirla, mentre forse non tutti [sarebbero] disposti [a farlo]. Avrebbe forse cominciato la sua lezione così: «Bambini, potete indovinare ciò che ho in mano?». Ella sa che i bambini non possono indovinare, richiama quindi la loro attenzione con una falsità. Poi avrebbe detto probabilmente: «Bambini, guardate un poco il cielo? Lo avete visto mai? Lo avete mai fissato la notte quando è tutto brillante di stelle? No? E guardate il mio grembiale, sapete di che colore è? Non vi sembra dello stesso colore del cielo? Ebbene, guardate ora questo colore qui: è il medesimo del cielo e del mio grembiale, è *turchino*. Osservate un po' intorno se c'è qualche oggetto di color turchino? E le ciliegie sapete di che colore sono? E i carboni ardenti? eccetera eccetera».

Così la mente del bambino, dopo la confusione dell'indovinare, è sopraffatta da un cumulo d'idee: il cielo, i grembiali, le ciliegie eccetera; in mezzo [a questa] confusione è difficile che egli compia il lavoro di *estrarre* la sintesi, lo scopo della lezione, che è [quello] di riconoscere i due colori turchino e rosso; anzi un tale lavoro di selezione è impossibile alla sua mente, tanto più che il bambino non può seguire un lungo discorso.

Il compito dell'educatore

Questa è la nostra missione: gettare un raggio di luce e passare oltre.

Io paragono gli effetti di queste prime lezioni [alle] impressioni di un viandante solitario che cammina, sereno e felice, all'ombra di un boschetto, meditando, lasciando, cioè, libero corso al suo pensiero. A un tratto, il suono della campana di una chiesa [vicina] lo richiama a sé; allora egli sente più profondamente la pacifica beatitudine che già era nata in lui, ma [che si] era assopita.

Stimolare la vita, lasciandola però libera di svilupparsi, ecco il primo dovere dell'educatore.

Per una simile delicata missione occorre una grande arte che suggerisca il momento giusto, [che] limiti l'intervento [e che] non disturbi o devii, anziché aiutare, l'anima che sorge a vita e vivrà in virtù dei propri sforzi.

Questa *arte* deve accompagnare il *metodo scientifico*, che molto fa assomigliare la semplicità delle nostre lezioni agli esperimenti di psicologia sperimentale.

Allorquando la maestra avrà toccato così, anima per anima, tutti i suoi allievi – risvegliando e ravvivando in essi la vita come una fata invisibile –, ella possiederà tali anime e basterà un cenno, una parola perché ciascuno [la] senta vivamente, la riconosca e l'ascolti.

Verrà un giorno nel quale la maestra, con sua gran meraviglia, si accorgerà che tutti i bambini le obbediscono come miti agnelli lattanti, non solo pronti, ma anche attenti a un suo cenno. Essi guardano lei che li fa vivere, e sperano, insaziati, di riceverne nuova vita.

L'esperienza ce lo ha rivelato, e ciò forma la meraviglia massima di chi visita le Case dei Bambini: la disciplina collettiva si ottiene come per [...] forza di magia. Cinquanta o sessanta bambini da due anni e mezzo a sei anni d'età, tutti insieme, ad un solo cenno, sanno tacere così perfettamente che il silenzio assoluto sembra quello grave di un deserto; e se un ordine dolce, espresso a bassa voce, dice ai bambini: «Alzatevi, passeggiate un momento in punta di piedi e tornate al posto in silenzio», tutti insieme, come una persona sola, si alzano ed eseguono i movimenti con il minor rumore possibile. La maestra, con quella sola voce, ha parlato a ciascuno; e ognuno spera dal suo intervento qualche luce e qualche gioia interna – e va attento e ubbidiente, come un esploratore ansioso che segua la sua via.

Anche qui è un poco come l'uovo di Cristoforo Colombo. Un maestro di [musica da] concerto deve preparare ad uno ad uno i suoi allievi per trarre dalla loro opera collettiva la grandiosa armonia: e ciascun artista deve perfezionarsi da sé, prima di essere pronto a ubbidire ai muti cenni della sua bacchetta.

Noi invece nella scuola comune poniamo un maestro concertatore che insegni contemporaneamente, d'un tratto, agli strumenti e alle voci più diverse lo stesso ritmo monotono e [anche] discordante!

Così nella società i più disciplinati sono gli uomini più perfezionati; ma la perfezione del contegno, per esempio dei cittadini inglesi, non è quella materiale e brutale delle soldatesche.

Siamo pieni di pregiudizi, anziché di sapienza, su quanto riguarda la psicologia infantile. Abbiamo voluto finora domare i fanciulli dall'esterno con la sferza, invece di conquistarli all'interno per dirigerli come anime umane. In tal modo essi ci sono passati accanto senza farsi conoscere.

Ma sfrondando l'artificiosità con la quale abbiamo voluto ravvolgerli e la violenza con cui ci illudemmo di disciplinarli, essi ci si rivelano nella loro vera natura.

La loro mitezza è così assoluta e dolce che vi riconosciamo l'infanzia di quell'umanità che poté rimanere oppressa da ogni forma di giogo e d'ingiustizia: e il loro amore per la conoscenza è tale che supera ogni altro amore, e ci fa pensare che invero l'umanità deve portare innata quella passione che spinse le coscienze alle conquiste successive del pensiero, [abbattendo] di secolo in secolo i gioghi di tutte le schiavitù.

Il potere dell'ambiente e i materiali più adatti

Nell'ambiente descritto più sopra, gaio e ammobiliato in proporzione al bambino, esistono oggetti che permettono con il loro uso di raggiungere uno scopo determinato, [...] per esempio certi semplici telai con i quali il bambino può apprendere ad abbottonare, ad allacciare, ad agganciare, ad annodare eccetera; [oppure] lavabi con i quali il bambino può lavarsi le mani; scope con cui nettare il pavimento, cenci [...] adatti a togliere la polvere dai mobili; spazzole varie, per pulire le scarpe o i vestiti – tutti oggetti che "invitano" il bambino ad agire, a compiere un vero lavoro con un reale scopo pratico da raggiungere. [Inoltre], stendere tappeti e arrotolarli quando si sono usati, o distendere la tovaglia per apparecchiare realmente la tavola nell'ora del pranzo e ripiegarla e riporla accuratamente dopo che il pranzo è finito, o addirittura apparecchiare la tavola in modo completo, mangiare correttamente e quindi sparecchiare e lavare il vasellame riponendo ogni oggetto al suo posto nelle credenze – [tutti questi] sono lavori che non solo hanno una gradazione di successive difficoltà di esecuzione; ma che richiedono [anche] uno sviluppo graduale del carattere, per la pazienza che è necessaria [ad] eseguirli e per la responsabilità che richiedono per essere portati a compimento.

I lavori ai quali ho ora accennato si chiamano "esercizi di vita pratica" perché nella Casa dei Bambini va svolgendosi una vita vera e pratica in cui tutte le mansioni domestiche sono affidate ai piccolini, che eseguono con passione ed accuratezza i loro "doveri domestici" diventando singolarmente calmi e dignitosi.

Oltre a quegli oggetti che [trasformano in istruzione] tutti gli atti della "vita pratica", vi sono molti altri oggetti che si prestano a uno sviluppo graduale dell'intelligenza che conduce alla cultura, come alcuni sistemi di materiali per l'educazione dei sensi e altri per l'apprendimento dell'alfabeto, dei numeri e della scrittura, della lettura e dell'aritmetica: oggetti che [abbiamo] chiamati "materiali di sviluppo" per distinguerli da quelli che si usano nella "vita pratica".

Quando parliamo di "ambiente" comprendiamo tutto l'insieme delle cose che il bambino può liberamente scegliere in esso e usare tanto quanto desidera, [in corrispondenza] delle sue tendenze e dei suoi bisogni di attività. La maestra non fa nient'altro che *aiutarlo* in principio a orientarsi tra tante cose diverse e ad apprenderne l'uso preciso, cioè lo inizia alla vita ordinata e attiva nell'ambiente; ma poi lo lascia *libero nella scelta* e nell'esecuzione del lavoro. In generale i bambini hanno diversi desideri nello stesso momento, e uno si occupa di una cosa e uno di un'altra senza che avvengano contese. Anzi si svolge un'ammirabile vita sociale piena di energica e vivace attività; e, in una gioia pacifica, i fanciullini risolvono da sé i vari problemi di vita sociale che la libera e multiforme attività individuale solleva di passo in passo. Nell'ambiente c'è un potere educativo diffuso tutto intorno e le persone, i bambini e la maestra vengono a farne parte.

Il regime della felicità

Mens sana in corpore sano: il famoso detto latino è considerato qui specialmente nella reciprocità dei suoi termini. In genere fu interpretato letteralmente nel senso che bisogna avere sano il corpo per possedere una mente sana. Si potrebbe però dire il contrario: che cioè la salute del corpo dipende da quella della mente intendendo con ciò la calma interiore, la soddisfazione morale, la chiarezza delle idee, che permettono di procedere verso i fini esterni con un sollievo spirituale rianimatore. "L'uomo non vive di solo pane."

E infatti le prime Case dei Bambini di San Lorenzo furono gremite di piccoli bambini miserabili che colpirono vivamente i miei occhi di medico; ed ebbi come pensiero iniziale quello di procurare ricostituenti e alimentazione. Ma non fu possibile per oltre un anno né l'una cosa né l'altra. I bambini vissero però in una tale gioia e soddisfazione che alla fine dell'anno il colorito dei visi abbelliti e risanati accompagnava lo scintillare degli occhi che avevano visto una vita migliore. La soddisfazione della vita interiore [e] l'opportunità di esprimersi e di trovare i mezzi esterni per lo sviluppo dell'anima sono dunque un contributo o forse sono il fulcro stesso della salute, anche fisica. La mente sana rende il corpo sano: cioè il corpo, per essere sano deve rimanere unito ad una mente che funziona in modo normale. La salute è un tutto unico: e le malattie o [le] debolezze fisiche che dipendono da fatti di ordine psichico sono una moltitudine di fenomeni che non si riscontrano solo negli adulti, ma ancor più nei bambini. Le difficoltà che incontrano questi nel doversi adattare ad un ambiente creato per l'adulto, l'oppressione che su di loro esercita tanto spesso l'adulto senza esserne conscio, opprimono l'anima nascente che non ha difese né di parole né di forze fisiche: e ciò fa languire il corpo del fanciulletto, insieme al suo carattere. Dare al fanciullo il dono di "esser compreso", di essere corrisposto nei bisogni profondi dell'anima [significa] spalancare le porte della salute anche al suo sangue, alla sua digestione e alla sua forza fisica.

Questo criterio ha fatto pensare a molti che il mio metodo non voglia prendere in sufficiente considerazione l'igiene fisica del bambino. Ma niente è più falso di questo. La constatazione fatta nelle nostre scuole dell'influenza che ha sulla salute il coefficiente psichico e anche l'esperienza tante volte ripetuta di malattie infantili guarite con il regime della felicità non ci portano a trascurare le condizioni di vita fisica, ma solo a considerarle [su] un piano [inferiore] alle condizioni morali.

La frase «cerca Iddio prima di tutto, e il resto verrà da sé con frutto abbondante» è senza dubbio la base della convinzione che ci è derivata dai fatti.

Ma questo concetto è molto lontano dal condurre a trascurare l'influenza dei fattori fisici sulla salute, tanto più nell'età della crescita, dove basterebbe pensare all'aumento materiale del corpo per far capire come una trascuratezza rispetto alla respirazione e alla nutrizione sarebbe assurda.

Il nostro criterio del resto non esce dai limiti puramente fisiologici: ciò che si chiama "salute fisica" non dipende solo dall'"assunzione delle materie necessarie", ma soprattutto dal modo in cui l'organismo può "utilizzarle". L'utilizzazione è connessa con le funzioni, le quali dipendono dal sistema nervoso: e si sa come il sistema nervoso del gran simpatico, che sovrintende alle funzioni vegetative, sia soggetto agli stati depressivi di origine psichica e in genere [reagisca] sensibilmente a tutti gli stati emotivi. Dalle pulsazioni del cuore alle funzioni ghiandolari e a quelle che riguardano il fine lavorio del ricambio materiale attraverso i capillari, il movimento involontario della vita vegetativa dipende dalle innervazioni. Così la nutrizione definitiva è soggetta [tanto] al funzionamento normale del sistema nervoso, quanto a quello del sistema circolatorio del sangue. La gioia, in ultima analisi, è il più sicuro ed energico stimolante di tutta la vita vegetativa; e, viceversa, le cause depressive sono inibitrici dell'attività nervosa e quindi del ricambio materiale. La salute è assicurata dunque non solo dalle condizioni fisiche, ma anche da quelle morali.

Per aiutare il bambino bisogna accogliere la vita con le sue leggi e assecondarle. La vita riposa sul gioco reciproco di influenze varie; e il modo di utilizzare le energie è appunto quello di seguire il gioco delle influenze reciproche, su cui la natura ha stabilito la salute nella sua pienezza.

Bisogna dunque procurare le migliori condizioni igieniche dell'ambiente e, per quanto riguarda la vita vegetativa dei bambini stessi, assicurare loro i mezzi fisici di cui il corpo ha bisogno. Dare nelle scuole la refezione e offrire la massima possibilità di vivere e respirare all'aria aperta è un assioma per quell'educazione che considera nel suo valore la personalità del bambino.

Fu mia cura non solo nutrire il bambino, ma [anche] collegare a questa necessità primordiale un'azione educativa.

Cercai che vi fosse nelle scuole non solo la cucina, ma una cucina possibilmente accessibile ai bambini stessi, e perciò pulitissima e gaia, con oggetti che permettessero in qualche modo una collaborazione da parte dei bambini.

Come nelle case comuni in cui si vive la cucina è parte fondamentale collegata alle condizioni di benessere di tutta la famiglia, così deve essere nella scuola, allorché questa è divenuta una Casa dei Bambini.

Le cose che si devono mangiare di giorno in giorno, di stagione in stagione, formano in famiglia argomenti di grandissima importanza. Orbene là dove si tratta di bambini, non c'è più solo la questione "dei frutti di stagione" che ci faccia discutere e decidere il menù della giornata, ma è soprattutto un'altra questione, [che fa] appunto al caso nostro: l'alimentazione [è adatta] all'età del bambino? [Tale questione] non riguarda la "piazza", cioè la produzione esterna, ma la fisiologia del bambino, che come è noto fa collegare in modo così stretto la salute e il buono sviluppo fisico a un'alimentazione razionale.

C'è poi ancora un'altra considerazione particolare per noi; ed è che il pranzare nelle Case dei Bambini non è solo un mezzo per alimentarsi razionalmente, ma è anche uno dei principali mezzi di educazione: perché il lavoro di apparecchiare e sparecchiare la tavola, e gli apprendimenti di tutti quegli usi che l'educazione insegna per nobilitare l'atto del nutrirsi, [costituiscono] proprio uno dei compiti principali delle Case dei Bambini.

Per facilitare l'attuazione pratica di un'alimentazione igienica, ho perciò messo fin dal principio sott'occhio alle maestre qualche nozione che aiuti a determinare i menù relativi alle età, cercando non solo di essere soprattutto pratica, ma di offrire quei consigli che potevano rendere la cosa più accessibile a ogni genere di persone.

Qualche guida pratica sull'alimentazione razionale per i piccoli bambini procurò un immenso vantaggio non solo ai bambini delle scuole più povere, ma anche a quelle di famiglie agiate nelle quali sono ancora ignorati, più che non si creda, i principi anche elementari dell'alimentazione dei bambini. Le nostre scuole diventarono spesso dei centri di propaganda igienica e di popolarizzazione di norme scientifiche tra le famiglie.

Molti genitori presero questo libro (nella sua prima edizione del 1909) come guida per l'alimentazione dei bambini in famiglia, anche in paesi (come gli Stati Uniti d'America) dove la civiltà fisica è pressoché al suo apogeo.

Le norme che offrivo prendevano tuttavia in considerazione le possibilità dei poveri, i quali troppo spesso aggravavano le difficoltà economiche con gli svantaggi dell'ignoranza. E oggi, conservando questo capitolo, ho cercato di non trascurare i progressi che nel frattempo si sono raggiunti in ciò che riguarda il modo di ben nutrire i fanciulli.

Mettere in ordine

Il bambino che arriva a scuola si spoglia da sé. Piccoli attaccapanni, aderenti al muro tanto in basso che il braccio del bimbo di tre anni ci arrivi comodamente, stanno a sua disposizione. Fontanine così basse che non vi arriverebbe il ginocchio dell'adulto, con [oggetti] minuscoli come saponi piccini, spazzolette per le unghie e piccoli asciugamani, sono a portata del bambino; o, in mancanza di fontanine, ci sarà qualche lavabo, fosse anche una catinella piccolina, appoggiata su un tavolino basso, con una brocchetta e un recipiente per buttarvi l'acqua usata.

Una cassetta con spazzole per le scarpe e qualche sacchettino attaccato al muro, che contiene spazzole per i vestiti così piccole che una minuscola manina possa afferrarle pienamente, sono oggetti pratici. E dove si può, occorre mettere una piccola mensola sormontata da uno specchietto, ma così bassa che arriverà forse a far riflettere uno spazio situato a mezza strada tra il piede ed il ginocchio dell'adulto; il bambinetto vi si può specchiare standο seduto, e se mai i capelli si fossero scomposti con il levarsi il cappello o con il vento della strada, può ravviarli: ci sono lì una spazzoletta da capelli e un pettine minuscolo. Il bambino si riveste del grembiale o della blusa da lavoro, ed eccolo pronto a fare il suo ingresso.

Se la scuola non è in ordine, ne risulta un lavoro da fare. Forse ci sono nei vasetti dei fiori un po' appassiti, che è bene gettar via; oppure l'acqua ha bisogno di essere cambiata. Non fu spolverata la statua di Gesù Bambino, così cara e così bellina? Bisogna pulirla. Alcuni cenci di vario genere e colore pendono giù, sospesi a dei ganci, misti a spolverini di piuma dai vivaci colori: si sceglie la cosa più adatta, e si cominciano le pulizie. Un tavolo ha una macchia! C'è l'occorrente per pulirla: sapone e spazzola. Se poi in terra è caduta un po' di acqua bisogna prontamente asciugarla. O se è caduta in terra qualche mollica di pane o qualche foglia secca, la scopa è lì, piccolina, leggera, invitante con i bei colori o con le pitture che adornano il manico lucente di vernice e di pulizia. Che cosa di più grazioso del raccogli-immondizie tutto verde a puntini rossi o bianco come un panno di bucato? Simili occupazioni occorrono [in ogni momento], sempre che se ne mostri l'occasione: non hanno orario né di mattina né di sera. Il bambino spia con attenzione continua il suo ambiente, la sua "Casa"; e quando c'è qualche seggiola fuori posto, che dà un aspetto di disordine, possiamo star certi che saranno i bambini più piccoli ad accorgersene: prima dell'età di tre anni [il compito] di assettare i mobili e di mettere le cose in ordine è il lavoro più alto e nobilitante, e perciò è anche quello che chiama ed invita di più all'azione.

La voce delle cose

La maestra sorveglia, è vero, ma sono le cose di vario genere che "chiamano" i bambini di varie età. Veramente la lucentezza, i colori e la bellezza delle cose gaie ed adornate sono altrettante "voci" che richiamano l'attenzione del bambino e lo stimolano ad agire. Quegli oggetti hanno un'eloquenza che nessuna maestra potrebbe mai raggiungere: «prendimi» dicono, «conservami intatto», «mettimi nel mio posto». E l'azione compiuta in accordo con l'invito delle cose dà al bambino quella gaia soddisfazione e quel risveglio di energia che lo predispongono ai lavori più difficili dello sviluppo intellettuale. Molte volte però c'è più che una voce delle cose che chiama; la chiamata è un ordine complesso: alcuni lavori importanti domandano non un solo bambino, ma [anche] una collettività organizzata e richiedono un tirocinio ed una lunga preparazione. È questo il lavoro di apparecchiare, di servire il pranzo e di rigovernare le stoviglie.

I talenti

Sarebbe un errore voler giudicare, prima di farne l'esperienza, la capacità dei bambini secondo l'età, e di escluderne alcuni perché si suppone che non potrebbero dare nessun aiuto. La maestra deve sempre aprire le vie, mai respingere per mancanza di fiducia. I bambini anche piccolissimi desiderano fare, sono spinti ad esercitarsi con più vigore dei grandi. La brava maestra cercherà dunque il contributo che anche il più minuscolo essere può dare. Forse il piccino di due anni e mezzo potrà trasportare il pane, mentre il bambino di quattro anni e mezzo potrà giungere a trasportare la marmitta della minestra calda. L'importanza del lavoro non preoccupa i bambini: essi sono soddisfatti quando hanno dato il *massimo di cui sono capaci* e non si vedono esclusi dalle possibilità che offre l'ambiente per esercitarsi. L'opera più ammirata è quella che manifesta le possibilità massime di ciascuno. Essi hanno una specie di ambizione interiore, che consiste nel far fruttare pienamente i "talenti" che Dio ha consegnato loro, come nella parabola del Vangelo: e quando vi riescono, attraggono l'interessamento commosso di molti ammiratori. I bambini, invitati al banchetto, non vogliono solo mangiare; ma amano quell'occasione superba [per] esercitare le forze interiori e spesso i loro nobili sentimenti (aspettare i compagni, dire le preghiere). Essi non perdono tempo e sanno bene approfittare delle occasioni. Quel minuscolo cameriere, vestito di un grembiale bianco, che sta lì fermo e pensieroso davanti alla tavola su cui ha appena disteso diligentemente la tovaglia, medita sul numero dei convitati e, quindi, sulla miglior disposizione dei coperti che deve tra poco disporre. Quella bimba ridente che versa l'acqua nei bicchieri con tanta lentezza sta dirigendo la manina perché la bottiglia non tocchi l'orlo del bicchiere o non lasci cadere l'ultima goccia d'acqua sulla tovaglia. Correndo e ballando arriva una comitiva di servette, ciascuna portando un gruppo di piatti impilati, il vasellame di ogni singola tavola; la soddisfazione ha alleggerito e stimolato il loro corpo come una musica.

La precisione

Chi rimane a contatto con questi bambini si accorge che, sotto l'attività che li dirige a raggiungere vari scopi pratici, esiste uno speciale segreto [che li porta al] successo: è la precisione, l'esattezza con cui gli atti si devono compiere. Lo scopo esterno di versare l'acqua in un bicchiere interessa molto meno che il versarla senza toccare con la bottiglia l'orlo del bicchiere e senza versare sulla tovaglia l'ultima goccia d'acqua. Il lavarsi le mani è un atto più attraente se bisogna ricordare il posto preciso dove si appoggia il sapone e quello dove l'asciugamano deve essere sospeso.

Il movimento generico è una funzione rozza, ma, se in esso si innesta un motivo di perfezionamento, cresce di valore: le mani allora non si lavano più solo per averle pulite, ma soprattutto per acquistare l'abilità di lavarle a perfezione. Lavando le mani così, non solo [esse] sono pulite, ma si diventa [anche] più abili, si acquista una raffinatezza che rende superiore il bimbo dalle mani pulite. Questa rivelazione dei bambini, di amare non solo l'attività tendente ad uno scopo, ma di essere attratti dai particolari e perciò dall'esattezza dell'esecuzione, ha aperto un più vasto campo all'educazione. È [...] l'educazione dei movimenti che sorge in prima linea, mentre l'imparare cose pratiche è solo un richiamo esterno, è il motivo apparente che stimola un bisogno profondo di organizzazione.

L'età più ricettiva

I bambini sono dunque in un'età in cui i movimenti hanno un interesse fondamentale: essi sembrano avidi di sapere come bisogna muoversi. Passano attraverso l'epoca della vita in cui è necessario diventar padroni dei propri atti. Senza che ne vediamo al di fuori le intime ragioni fisiologiche, gli [strumenti] muscolari e nervosi sono [nel] periodo in cui [...] si stabiliscono le coordinazioni dei movimenti; essi sono nell'epoca preziosa e passeggera delle costruzioni definitive. Iniziare alla perfezione in tali epoche della vita è un lavoro educativo immensamente produttivo: la maestra vede un raccolto portentoso con una minima fatica di seminagione. Ella insegna a gente avida di quel determinato sapere.

Più che di insegnare, ha l'impressione di donare, di fare un atto di carità. Quando tra la folla dei piccolini, la maestra getta la semente necessaria all'età, sente di fare un'opera di misericordia tra le più valide, come quella di dar da mangiare agli affamati. Più tardi quegli stessi bambini tenderanno a trascurare l'esattezza dei movimenti [e] comincerà a declinare l'epoca costruttiva delle coordinazioni muscolari. L'anima del bambino passerà oltre: egli non avrà più quell'amore. L'anima sua deve percorrere un cammino segnato, che è indipendente così dalla sua [...] volontà, come dall'abilità della maestra. Il dovere gli farà più tardi conservare con sforzo volontario ciò che egli creò largamente nell'età dell'amore, cioè nel tempo in cui doveva creare in se stesso delle nuove attitudini. [Esiste] dunque in tale epoca la possibilità di iniziare i piccoli bambini all'analisi dei movimenti.

L'analisi dei movimenti

Ogni azione complessa ha momenti successivi ben distinti tra loro: un atto segue all'altro. Cercare di riconoscere e di eseguire esattamente e separatamente quegli atti successivi è l'analisi dei movimenti.

Nel vestirsi e nello spogliarsi, per esempio, si eseguono atti molto complessi che noi adulti, salvo in speciali condizioni sociali, compiamo assai imperfettamente. L'imperfezione consiste nell'eseguire e confondere insieme i vari [...] movimenti successivi dell'azione. È un fatto simile alla pronuncia *abborracciata* di lunghe parole, dove varie sillabe sono riunite in un suono incerto e talvolta incomprensibile. La persona parla male: non fa l'analisi dei suoni che compongono la parola. L'eliminazione o la confusione dei suoni non hanno niente a che fare con la lentezza o con la rapidità del linguaggio: si può parlare chiaramente e rapidamente. Anzi chi abborraccia le sue parole è spesso lento nel linguaggio. Non si tratta dunque di rapidità, ma di esattezza. Ora noi, in genere, abbiamo in rapporto a molti movimenti una inesattezza che proviene da mancanza di educazione e che rimane in noi, benché ne siamo inconsapevoli, come uno stigma d'inferiorità. Supponiamo per esempio di volerci abbottonare la giacca: dopo averla più o meno completamente infilata, cominciamo a gettare il pollice dentro un'asola e a graffiare il lato opposto in cerca del bottone, rimanendo poi inconsapevoli di come il bottone fu spinto ad infilarsi. Mentre la cosa necessaria [sarebbe] porre uno vicino all'altro i due bordi della giacchetta e dopo piegare il bottone nel senso dell'asola, farlo passare [e, infine,] raddrizzarlo. Così fanno, infatti, i camerieri o i sarti quando vestono i loro padroni o clienti. I vestiti si conservano allora intatti per lungo tempo; mentre, nell'altro modo, tre o quattro abbottonature li sgualciscono e fanno perdere al vestito la sua elegante freschezza. Per analoga incapacità sciupiamo le serrature mettendovi alla cieca le chiavi e mescolando i due tempi successivi di girare la chiave e di tirare la porta. Tiriamo spesso la porta per mezzo della chiave, anche quando essa non è fatta a quest'uso, così come [...] indicano le maniglie più o meno vistose. Allo stesso modo roviniamo i nostri migliori libri sfogliandoli, perché facciamo atti non adeguati allo scopo. Quel che consegue agli oggetti così male usati, ricade su di noi, perché i nostri movimenti rimangono di una rozzezza [e] di una grossolanità che guastano l'armonia della persona. Infatti, se osserviamo le movenze di un aristocratico, di una persona che chiamiamo distinta, non troviamo altro che movimenti completi nei loro momenti successivi. Eppure è proprio quel genere di persone che si muove facilmente e disinvoltamente.

L'armonia dei movimenti

L'analisi dei movimenti va unita all'economia dei movimenti: non eseguire nessun movimento superfluo allo scopo è, infine, il grado supremo della perfezione. Allora ne viene come conseguenza il movimento estetico, l'attitudine artistica. I movimenti greci, per esempio, e quelli che oggi ad essi assomigliano, come [vediamo] nel ballo giapponese, non sono altro che una selezione dei movimenti assolutamente necessari, nella successione analitica degli atti. Ma ciò non si riferisce solo all'arte: è un principio generale in ogni atto della vita. Un movimento sgraziato, volgare, è in genere carico di atti inutili allo scopo. Chi, scendendo dalla vettura, apre lo sportello un po' prima che la carrozza si sia fermata o mette il piede verso il predellino, fa inconsciamente due o tre atti inutili, perché la persona non può ancora scendere. Ma tutto ciò non è solo inutile allo scopo di scendere dalla vettura; è anche la rivelazione di una persona volgare.

Sembrano cose complicate e difficili da imparare: ma c'è una età in cui gli esercizi delle movenze riescono interessanti, appassionanti, in cui gli strumenti muscolari e nervosi sono plasmabili [...] e in cui rimane segnata anche per l'avvenire la persona distinta o quella che rimarrà rozza: è l'età dell'infanzia.

Ginnastica e lavoro

Gli esercizi di vita pratica, a ben pensarlo, sono una vera e propria ginnastica, la cui palestra, raffinante tutti i movimenti, è l'ambiente stesso in cui si vive. [Essa] è cosa diversa dal lavoro manuale che produce nuove cose. Qui da noi invece si conservano le cose esistenti e si fa uno spostamento continuo di oggetti, diretto dall'intelligenza che si prefigge uno scopo da raggiungere. Arrotolare un tappeto, spazzolare un paio di scarpe, lavare una catinella o un pavimento, apparecchiare una tavola, aprire e chiudere cassetti o sportelli, porte o finestre, [riordinare] una stanza, mettere in ordine delle seggiole, tirare una tenda, trasportare un mobile eccetera, sono esercizi in cui tutto il corpo si muove, [oppure in cui] questo o quel movimento si esercita particolarmente e si perfeziona. Per la consuetudine del lavoro il fanciullo impara a muovere braccia e mani e a fortificare i muscoli più che nella ginnastica comune. Tuttavia gli esercizi di vita pratica non possono essere considerati una semplice ginnastica muscolare; essi sono un "lavoro". [Sono] il lavoro riposante dei muscoli che agiscono senza stancarsi, perché l'interesse e la varietà li rianimano ad ogni movenza. [Sono] l'esercizio naturale dell'uomo che, quando si muove, dovrebbe avere scopi da raggiungere: i muscoli dovrebbero sempre servire l'intelligenza e così rimanere nell'unità funzionale della personalità umana. Se l'uomo è l'essere intelligente, ed è un essere muscolarmente attivo, il suo riposo è nell'attività intelligente, come il riposo di ogni essere sta nell'esercizio normale delle proprie funzioni. Dobbiamo dunque offrire al bambino, nell'ambiente che lo circonda, dei "mezzi" per esercitare la sua attività, ricordando che la Casa dei Bambini ospita fanciulli di varie età – da tre a sei anni – che vivono tutti insieme come fanno i fratelli in famiglia e che, quindi, sono bisognosi di occupazioni diverse.

Gli oggetti che servono per la vita pratica non hanno una determinazione scientifica: sono gli oggetti in uso [nell'ambiente in cui] vive il bambino e che egli vede adoperare nella propria casa paterna, costruiti però appositamente nelle proporzioni adatte al piccolo uomo. La loro quantità non è fissata dal metodo, ma dipende dalle possibilità della scuola, e soprattutto dalla lunghezza del tempo in cui il bambino vi resta nella giornata. Se la scuola ha annesso un giardino, entreranno a far parte delle occupazioni pratiche la cura delle aiuole, la pulizia delle piante o la raccolta dei frutti che si sono maturati eccetera. Se l'orario è molto lungo, entrerà tra le occupazioni [l'attività del] pranzo, che porta alle fatiche ed agli esercizi più difficili e più interessanti tra tutti quelli della vita pratica, come apparecchiare con gran diligenza, servire a tavola, mangiare decentemente, lavare piatti e bicchieri, trasportare e riporre stoviglie e via dicendo.

Esercizi di controllo dei movimenti

Nelle nostre scuole c'è oggi, come materiale stabilito, un sostegno dove sono infilate molte e diverse bandierette, attraenti con i loro vivaci colori: ed è noto quanto i bambini hanno piacere di averle tra le mani. [Coloro che camminano] sul filo, dunque, appena hanno superato le prime difficoltà e raggiunto l'equilibrio, possono prendere una di quelle bandierette, purché sappiano tenerla alta. Se con grande attenzione non controllano il braccio, la bandierina si abbasserà a poco a poco. L'attenzione dunque deve essere distribuita a controllare non solo i piedi che si posano diligentemente sul filo, ma anche il braccio che sostiene il vessillo.

Le difficoltà successive sono esercizi sempre più minuziosi di controllo dei movimenti; ecco una serie di bicchieri che contengono liquidi colorati: il liquido è alto quasi [fino] all'orlo e bisogna camminare tenendo ben diritto il bicchiere, affinché il liquido non cada; tutta la mano dunque deve essere dominata dalla stessa volontà che dirige contemporaneamente i piedi a non abbandonare mai il filo.

Altri oggetti sono campane che bisogna prendere passando e tenere immobilmente diritte, cioè perpendicolari, camminando [...] intorno al filo. Non un suono si deve udire; ed ogni disattenzione è denunciata sonoramente dalla campana.

A questo punto [nasce] un interesse [...] a superare sempre maggiori difficoltà: il fanciullino è lanciato in una ginnastica gioiosa che lo rende a poco a poco padrone di tutti i suoi movimenti. Egli è spesso audace nella fiducia in se stesso: ho visto bambini tenere in mano vari cubi posti uno sull'altro a colonna e trasportare un tale insieme in giro senza farlo cadere, e altri mettersi dei cestelli sulla testa ed avanzare con precauzione.

Immobilità e silenzio

Un tutt'altro genere di esercizi di controllo sui movimenti è quello che conduce a rendere possibile, per ciò che riguarda i bambini, il silenzio assoluto. Non è un approssimativo stare zitti e fermi, ma è una perfezione raggiunta gradualmente nel non emettere alcun suono, nel non produrre il più piccolo rumore che si può fare movendo un piede o strisciando una mano o respirando sensibilmente. Il silenzio assoluto equivale ad assoluta immobilità. Ma noi [poniamo] il silenzio tra gli esercizi sensoriali; e il semplice accenno fatto qui serve a completare il quadro che aiuta ad analizzare e a coordinare i movimenti.

Aprire delle vie

La finalità di tali esercizi [è] il perfezionamento dell'individuo che li compie. Ma le vie che si aprono a nuove possibilità sono molteplici: l'individuo raffinato in un cammino di perfezione diventa capace di molte cose; e il perfezionamento non rimane sterile di conseguenze pratiche.

Il bambino, divenuto padrone dei suoi atti per lungo e ripetuto esercizio e soddisfatto per l'impiego delle sue attività motrici che ha utilizzato in modo piacevole e interessante, è un fanciullo pieno di gioia e di salute che si distingue per la [...] calma e per la [...] disciplina.

Egli è anche giunto per vie naturali all'acquisto di molte abilità pratiche. Il suo corpo è pronto a rispondere alle vibrazioni musicali [e] si è preparato mirabilmente alla ginnastica ritmica. In un secondo tempo la musica non rimane la neutra animatrice [dello] sforzo, ma diventa una guida interiore di movimenti che obbediscono al suo ritmo.

Andiamo in tutt'altro ordine di cose. Questi nostri piccolini sono pronti [a] entrare in un luogo sacro, dove l'immobilità e il silenzio sono obblighi per chi vuole essere degno di entrarvi. Eccoli attivi nella loro attenzione che si distribuisce in ogni muscolo. Possono camminare senza far rumore, alzarsi e sedere, e trasportare seggioline senza disturbare la pace del tempio. Non è ancora senso religioso: ma il piccolo è praticamente pronto a entrare con dignità nel luogo destinato alla religione. È un bimbo raffinato, perfezionato e perciò capace di penetrare in ogni via di elevazione.

La vita libera

[I fanciulli] conquistatori di se stessi sono pure conquistatori di libertà, perché spariscono in essi tante reazioni disordinate e inconsce che pongono necessariamente i bambini sotto il continuo e rigido controllo dell'adulto. Essi possono invadere lietamente un giardino senza guastare le aiuole né guastare i fiori, correre sul prato senza compiere atti scorretti. La dignità e la grazia del portamento, e la disinvoltura delle movenze, sono doni sovrapposti ai loro pazienti e laboriosi acquisti fondamentali. Con parola che traduce il concetto inglese, sono creature "controllate"; e là, fin dove giunge il loro controllo, si sono liberate del controllo degli altri. Chi si addentra nello studio teorico del nostro metodo, riceve un'impressione che in principio è contraria al preconcetto che se n'era formato con una certa preoccupazione: «Il bambino è libero di fare quello che vuole»; e comincia a temere invece per questo bimbetto, creduto libero, che camminando è obbligato a mettere i piedi rigorosamente sopra un filo, che si esercita a ridurre in una completa immobilità il suo corpicino, che lavora con la pazienza di un servo e che analizza ogni movenza. Solo la conoscenza diretta gli dimostra che questi bambini sono "felici di gettarsi pienamente in quei sacrifici" e si convince che i bisogni dei fanciulletti, che sono in via di sviluppo, sono fondamentalmente sottomessi al "bisogno di svilupparsi".

Gli esercizi di equilibrio e di analisi, assicurando la persona nei suoi meccanismi di equilibrio e, abituando l'attenzione a seguire ogni mossa, influiscono nel perfezionare l'esecuzione di ogni atto. Gli esercizi di vita pratica portano la coscienza viva del bimbo sulle tante azioni che va compiendo nella giornata e ne risulta un'influenza reciproca: l'analisi aiuta la sintesi e le sue applicazioni, e viceversa.

Il segreto del perfezionamento sta nella ripetizione, e perciò nel collegare gli esercizi alle funzioni consuete della vita reale. Se il bambino non apparecchiasse la tavola per una comunità di persone che pranzano veramente, se non avesse a sua disposizione vere spazzole che puliscono e veri tappeti da pulire ogni volta che vengono usati, se non dovesse proprio lavare ed asciugare piatti e bicchieri eccetera, non nascerebbe mai in lui una vera abilità. E se non facesse una vita sociale osservando le regole di educazione, non acquisirebbe mai quella graziosa disinvoltura che è così attraente nei nostri bambini. Anche per chi sa, è necessaria una lotta continua per sostenersi, per non cadere in quel baratro della inerzia che ci chiama a fermarci sul nostro cammino di perfezione, [così] come la forza di gravità finisce per arrestare la sfera più tersa e liscia che corre sulla via più piana. L'avere appreso il più alto raffinamento sarebbe nulla se questo non si legasse ad una pratica consueta, a cui motivi vari danno spinta e continuità e trasmettono con reciprocità i frutti delle abilità acquisite. La rozzezza, l'inesattezza verrebbero su come quell'erba che nasce perfino nelle pietre aride, nel sasso che per la sua stessa natura ne sembrerebbe difeso.

L'esercizio della responsabilità

Un particolare assai poco inteso comunemente è la distinzione tra insegnare come si deve agire, lasciando però libere le applicazioni pratiche, e ciò che si fa secondo i criteri educativi di altri metodi: condurre cioè i bambini in ogni azione, sovrapponendo l'abilità e la volontà dell'adulto al bambino. Coloro che parteggiano per gli antichi concetti suppongono che noi, difendendo la libertà del bambino, vogliamo che [egli] rimanga senza abilità né volontà, in quanto lo spogliamo di quella particolare sovrapposizione della volontà dell'adulto. Invece noi non intendiamo così semplicemente: la nostra educazione non è negativa, non toglie qualche cosa; ma sposta, intensifica e affina.

Si deve tutto insegnare, si deve tutto legare alla vita; ma non si devono sopprimere, dirigendole noi ad una ad una, le azioni che i bambini hanno imparato a compiere e a *collocare* nella pratica della vita. Questo collocare le azioni al proprio posto è uno degli sforzi più elevati che deve fare il bambino. Il bambino ha imparato non solo il silenzio, ma ha [anche] imparato a collocarlo: sarà silenzioso nella chiesa. Ha imparato non soltanto la genuflessione, ma anche a collocare la genuflessione: davanti all'altare. Ha imparato non solo varie specie di saluto, ma ha pure imparato a usarne secondo che gli si presenti un altro bambino, un parente, una persona estranea o un personaggio venerabile. Cioè le molte cose che ha imparato perfettamente, egli deve usarle e collocarle nei vari tempi e circostanze della vita. È lui che decide: quell'applicazione è il lavoro della sua coscienza, l'esercizio della sua responsabilità. Così viene liberato dal più grande dei pericoli: quello di deporre nell'adulto la responsabilità delle sue azioni, condannando la propria coscienza ad un sonno inerte.

La nuova educazione non consiste solo nel dare i mezzi di sviluppo per le singole azioni, ma anche nel lasciare al bambino la libertà di disporne.

È questo che trasforma il bambino in quel piccolo uomo pensante e diligente che prende nel segreto del suo cuore decisioni e scelte così diverse da ciò che avremmo supposto; ovvero che, con la rapidità di un impulso generoso o con delicato affetto, compie azioni comandate istantaneamente dal suo io interiore. Anche in ciò, anzi in ciò soprattutto, egli si esercita: così si incammina con sicurezza sorprendente sulle vie della propria coscienza.

Il lavoro intimo del bambino ha una specie di pudica sensibilità e si esprime solo quando l'adulto non interviene con le sue direttive fatte di verifiche, di consigli e di esortazioni. Lasciamo il bambino libero nell'applicazione delle sue abilità e si dimostrerà sensibile alle conquiste superiori che va facendo. Egli si comporta con scrupolosa diligenza nel porre ogni attività al suo posto, come il bambino di età inferiore (cioè forse di due anni di età) sente l'orgoglio di saper collocare gli oggetti al loro posto.

Quando saluta la persona di riguardo che sta visitando la scuola, egli non sente solo di saper salutare, ma [anche] di collocare al giusto posto quella sua forma di saluto. Quando siede a scuola o s'inginocchia in chiesa, è lui che dispone nell'ordine loro le azioni imparate e perfezionate. Questo sapere e, insieme, questo potere [...] elevano la coscienza. Il bambinetto che ha finito il primo piatto di minestra, non ne chiederà più se ha imparato che non deve farlo, che l'inibizione di quell'istinto va collocata in quel tempo; e aspetterà pazientemente che il cameriere, ansioso come lui di far bene e di collocare ogni cosa imparata, cominci il suo secondo giro, invitando tutti quelli che hanno finito a rifornirsi il piatto.

Commensale o cameriere, artista o studioso, l'intima soddisfazione del bambino sta *nel far bene* consapevolmente secondo principi elevati.

La ginnastica, i giochi e il lavoro

Che cosa dovrebbero essere la ginnastica comunemente intesa ed i giochi all'aria libera? Un modo di spendere le energie esuberanti, l'"avanzo" cioè delle energie. Dovrebbe essere l'utilizzazione spensierata delle forze che l'organizzazione del lavoro giornaliero non ha utilizzato. Cosa ben diversa dal considerare i giochi e la ginnastica in se stessi come solo rifugio dell'esercizio fisico, quasi la reazione che salva dai pericoli dell'inerzia.

Oggi si parla della grande influenza morale dello sport, non solo perché esso spende energie anormalmente trattenute e costituenti un pericolo per l'equilibrio che la volontà deve mantenere nelle azioni dell'uomo; ma [anche perché], e questo è uno dei punti più importanti, i giochi sportivi richiedono un uso esatto di oggetti e quindi una coordinazione esatta di movimenti ed una disciplina dell'attenzione. L'esattezza è il perno del perfezionamento dei movimenti e l'attrattiva che richiama la cooperazione dell'attenzione. Ne consegue che i giochi suscitano sentimenti di gara e animano [...] lo sforzo della competizione: ciò che, in confronto al gioco insensato, rappresenta un progresso morale.

Ora i lavori della vita pratica includono parte di questi vantaggi, come l'esattezza degli usi degli oggetti, la disciplina dell'attenzione e la perfezione finale che viene raggiunta dai movimenti. Lo scopo morale però è diverso, perché questi esercizi non sono spinti da un sentimento di gara o di competizione, ma dall'amore dei bambini verso l'ambiente che li circonda. Con tale ginnastica si viene perciò a sviluppare un vero "sentimento sociale", in quanto i bambini lavorano nell'ambiente nel quale vivono in comunità senza badare se lavorano per sé o per il vantaggio comune. Essi correggono infatti con la stessa prontezza e con lo stesso entusiasmo tutti gli errori – i propri come quelli degli altri – senza fermarsi a cercare il colpevole per fargli riparare il mal fatto.

Tutti, e non soltanto i bambini, dovrebbero esercitare i muscoli con il lavoro e scegliere in primo luogo questa maniera così umana e superiore di spendere le energie. Questo non è solo stabilire nella sua unità l'individualità, ma anche unificarla [con i] bisogni sociali, ai quali corrisponde il lavoro dell'uomo. Finora nessun uomo di governo può vantarsi d'aver tratto dai giochi sportivi un aiuto simile a quello che il lavoro della terra dava a Cincinnato; e nessun giovane sportivo avrà tratto dai suoi esercizi i vantaggi morali che i lavori della vita pratica danno al monaco novizio che in essi fa il tirocinio per giungere ad uno stato di pace.

L'educazione del selvaggio

[Jean-Marc] Itard (1775-1838) in un suo mirabile scritto pedagogico *Des premiers développements du jeune sauvage de l'Aveyron* [I primi sviluppi del giovane selvaggio dell'Aveyron] espone particolareggiatamente il dramma di una educazione singolare, gigantesca, che cerca insieme di vincere le tenebre psichiche di un idiota e di strappare alla libera natura un uomo.

Il selvaggio dell'Aveyron era un bambino cresciuto allo stato naturale. Abbandonato per fatto criminoso in un bosco dove i suoi assassini credevano di averlo ucciso, era guarito naturalmente e sopravvissuto per molti anni, libero e nudo tra le selve; finché, catturato dai cacciatori, [era entrato] nella vita civile di Parigi, raccontando, con le cicatrici [da cui era] solcato il suo corpicino, la storia di lotte con le fiere e di ferite lacere per cadute dall'alto.

Il bambino era e restò sempre muto; la sua mentalità, diagnosticata da [Philippe] Pinel (1755-1826) come idiotica, rimase sempre quasi inaccessibile all'educazione intellettuale.

La pedagogia positiva deve a questo fanciullo i suoi primi passi. Itard, medico dei sordomuti e studioso di filosofia, ne intraprese l'educazione con i metodi che già aveva tentato parzialmente per rendere udenti i sordastri, credendo in principio che il selvaggio presentasse le sue caratteristiche d'inferiorità non [perché fosse] un organismo degradato, ma solo per la mancanza di educazione. Egli era seguace dei principi d'Helvetius (1715-1771): «L'uomo è nulla senza l'opera dell'uomo», cioè credeva all'onnipotenza dell'educazione; ed [era] contrario al principio pedagogico che il Rousseau (1712-1778) aveva lanciato prima della rivoluzione: «*Tout est bien sortant des mains de l'Auteur des choses, tout dégénère dans les mains de l'homme*», cioè l'opera dell'educazione è deleteria e guasta l'uomo.

Il selvaggio – secondo la primitiva illusione di Itard – dimostrava dunque sperimentalmente con i suoi caratteri, la verità della prima asserzione. Quando però egli si accorse, con l'aiuto di Pinel, di trovarsi innanzi a un idiota, le sue teorie filosofiche dettero luogo ai più ammirabili tentativi di pedagogia sperimentale.

Itard divide in due parti l'educazione del selvaggio: nella prima cerca di ricondurre il fanciullo dalla vita naturale alla vita sociale; nella seconda tenta l'educazione intellettuale dell'idiota. Il fanciullo, nella sua vita di spaventevole abbandono, aveva trovato una felicità. Egli si era quasi tuffato e unificato con la natura deliziandosene; le piogge, le nevi, le tempeste e lo spazio senza fine erano stati i suoi spettacoli, i suoi compagni, il suo amore. La vita civile è una rinuncia a tutto ciò: ma è una conquista benefica al progresso umano. Nelle pagine di Itard è vivamente descritta l'opera morale che condusse il selvaggio alla civiltà, moltiplicando i bisogni del fanciullo e circondandolo di amorevoli cure. Ecco un saggio della ammirabile opera paziente di Itard come *osservatore delle espressioni spontanee* del suo educando: essa veramente può dare ai maestri che devono prepararsi al metodo sperimentale un'idea della pazienza e dell'annientamento di se stessi [che occorrono quando ci si pone] innanzi al fenomeno che si deve osservare:

«Quando per esempio lo si osservava nell'interno della sua camera, lo si vedeva dondolarsi con una monotonia opprimente, dirigere continuamente gli occhi verso la finestra con uno sguardo vagante nel vuoto. Se allora un vento di uragano soffiava improvvisamente, se il sole nascosto dietro le nubi si affacciava a un tratto rischiarando vivacemente l'atmosfera, erano clamorosi scoppi di risa, una gioia quasi convulsa. Talvolta invece di questi movimenti di gioia [scoppiava] una specie di rabbia frenetica: egli si torceva le braccia, si metteva i pugni chiusi sugli occhi digrignando i denti e diventando pericoloso per quelli che gli stavano intorno.

«Un mattino [in cui] cadeva abbondantemente la neve, mentre egli era ancora a letto, manda un grido di gioia svegliandosi, salta dal letto, corre alla finestra, poi alla porta; va e viene con impazienza dall'una e dall'altra; e poi fugge così svestito nel giardino. Là, facendo scoppiare la sua gioia con le più acute grida, corre, si rotola nella neve, la raccoglie a manciate e l'inghiottisce con incredibile avidità.

«Ma le sue sensazioni non sempre si manifestavano in maniera così viva e chiassosa alla vista dei grandi spettacoli della natura. È degno di nota che in certi casi essi sembravano prendere l'espressione calma del rimpianto e della melanconia. Così, quando il rigore del tempo scacciava tutti dal giardino, era il momento ch'egli (il selvaggio dell'Aveyron) sceglieva per discendervi. Ne faceva più volte il giro e finiva col sedersi sull'orlo della fontana.

«Io mi sono spesso fermato per *ore intere* e con indicibile piacere a osservarlo in questa situazione; a vedere come insensibilmente la sua fisionomia insignificante o contratta da smorfie, assumeva un'espressione di tristezza e di melanconica reminiscenza, mentre gli sguardi si [fissavano] sulla superficie delle acque, ove egli stesso di tanto in tanto gettava qualche foglia morta.

«Allorché durante la notte, a un bel lume di luna piena, un fascio di miti raggi penetrava nella sua camera, raramente mancava di svegliarsi e di mettersi davanti alla finestra. Restava lì *gran parte della notte* diritto, immobile, con il collo teso, gli occhi fissi verso la campagna rischiarata dalla luna e immerso in una specie di estasi contemplativa, [la cui] immobilità e il [cui] silenzio erano solo interrotti a lunghi intervalli da un'inspirazione profonda come un sospiro che si estingueva in un flebile suono di lamenti.»

In altri brani Itard racconta come il fanciullo non conoscesse il *camminare* che noi usiamo nella vita civile, ma solo il correre; e come egli, Itard, corresse dietro a lui in principio quando lo conduceva a spasso per le vie di Parigi, anziché frenare violentemente la corsa del bambino.

La conduzione graduale, dolcissima, del selvaggio a tutte le manifestazioni della vita sociale, il primitivo adattamento del maestro all'allievo, anziché dell'allievo al maestro, la successiva attrazione a una vita nuova che doveva conquistare il bambino con le sue seduzioni – e [che non gli fu] imposta violentemente in modo che l'educando ne risentisse peso e tortura – sono altrettante preziose espressioni educative che possono generalizzarsi e applicarsi all'educazione infantile.

Io credo che non esista [nessun altro] scritto che offra al vivo un contrasto tanto eloquente tra la vita naturale e la vita sociale e che dimostri come quest'ultima sia fatta tutta di rinunce e di costrizioni. Basti pensare alla corsa frenata nel cammino e al grido della voce alta frenato nelle modulazioni della voce umana che parla.

Eppure, senza alcuna violenza, lasciando alla vita sociale il compito di sedurre a poco a poco il fanciullo, l'educazione di Itard trionfa. La vita civile è fatta di rinunce alla vita naturale, è vero, è quasi lo strappo dell'uomo dal grembo della terra, simile allo strappo del neonato dal seno materno, ma è pure una vita nuova.

Nelle pagine di Itard traspare il finale trionfo dell'amore

dell'uomo sull'amore della natura: il selvaggio dell'Aveyron finisce con il *sentire* e preferire l'affetto di Itard, le carezze e le lacrime diffuse su lui alla voluttà di tuffarsi gioioso nelle nevi e di contemplare l'infinita distesa del cielo in una notte stellata. Egli un giorno, in un tentativo di fuga verso la campagna, tornerà spontaneamente, dimesso e pentito, a cercare la buona minestra e il letto caldo.

Senza dubbio l'uomo ha creato dei godimenti nella vita sociale e ha fatto nascere con gran vigore, nella vita in comune, l'amore umano. Ma egli appartiene pur sempre alla natura e, specialmente quando è bambino, ne ha bisogno, per trarne le forze necessarie allo sviluppo del corpo e dello spirito. Noi abbiamo comunicazioni intime con la natura, che influiscono anche materialmente sulla crescita del corpo. (Per esempio, un fisiologo, isolando le piccole cavie dal magnetismo terrestre con degli isolatori, le vide crescere rachitiche.)

Nell'educazione dei piccoli fanciulli si ripete il dramma educativo di Itard: noi dobbiamo preparare l'uomo, che è tra gli esseri vivi e appartiene perciò alla natura e alla vita sociale, perché questa, essendo opera sua, deve [anche] corrispondere all'esplicazione delle sue attività naturali.

Ma i vantaggi che con la vita sociale gli prepariamo sfuggono al piccolo fanciullo che è, al principio della sua vita, un essere prevalentemente vegetativo.

Raddolcire nell'educazione questo passaggio, dando una gran parte dell'opera educativa alla natura stessa, è cosa necessaria quanto quella di non strappare improvvisamente e violentemente il piccolo bambino alla madre per condurlo a scuola; come appunto si fa nelle Case dei Bambini situate dentro i casamenti in cui abitano i genitori, dove il grido del bambino giunge alla madre e la voce materna gli risponde.

Oggi, sotto forma d'igiene infantile, viene molto coltivata questa parte dell'educazione: i fanciulli si fanno crescere all'aria aperta, nei pubblici giardini o si lasciano per molte ore seminudi in riva al mare, esposti ai raggi del sole. Si è compreso, diffondendo le colonie marine e appenniniche, che il miglior mezzo per rinvigorire il fanciullo è tuffarlo nella natura.

I vestiti succinti e comodi dei fanciulli, le calzature a sandalo e la nudità delle estremità inferiori sono altrettante liberazioni dai vincoli opprimenti della civiltà.

È ovvio il principio che si debba nell'educazione sacrificare alla libertà naturale solo quel tanto che è *necessario* alla conquista dei maggiori beni che offre la vita civile: senza *inutili sacrifici*.

Ma, in tutti questi progressi dell'educazione infantile moderna, siamo rimasti avvinti nel pregiudizio che nega al fanciullo le espressioni e i bisogni spirituali e ce lo fa considerare solo [...] un amabile corpo vegetante che noi dobbiamo curare, baciare e far muovere. L'*educazione* che una buona madre o una buona maestra moderna danno oggi al bambino che, per esempio, corre tra aiuole fiorite, è quella di *non toccare i fiori* e di non calpestare le erbe, quasi che al fanciullo bastasse soddisfare i bisogni fisiologici del corpo movendo le gambe e respirando aria libera.

Ma se per la vita fisica è necessario lasciare il fanciullo esposto alle forze vivificatrici della natura, è pur necessario per la sua vita psichica porre l'anima del [fanciullo] a contatto con la creazione, per far tesoro delle forze direttamente educatrici della natura viva.

Il metodo per giungere a ciò è quello di avviare il bambino ai lavori agricoli guidandolo alla coltivazione delle piante e degli animali e quindi alla contemplazione intelligente della natura.

Già in Inghilterra la signora Latter ha [pensato di gettare] le *basi* a un metodo di educazione infantile con il *giardinaggio* e con l'*orticoltura*. Ella vede nella contemplazione della vita che si svolge le basi della religione, poiché l'anima del bambino andrà dalla creatura al creatore, [nonché] il punto di partenza per l'educazione intellettuale, che ella limita al disegno dal vero, conducente all'arte, e alle nozioni sulle piante, sugli insetti e sulle stagioni che scaturiscono dall'agricoltura; e ancora alle prime nozioni di vita [casalinga provenienti] dalla coltivazione e [alla] preparazione culinaria di alcuni prodotti alimentari, che poi i bambini servono in tavola, provvedendo in seguito anche al lavaggio delle stoviglie.

Il concetto della Latter è troppo unilaterale; ma i suoi asili, che vanno diffondendosi in Inghilterra, completano indubbiamente l'*educazione* naturale che, finora, limitata al lato fisico, fu già tanto efficace a rinvigorire eccellentemente il corpo dei bambini inglesi. Inoltre la sua esperienza dà un contributo positivo alla praticità degli insegnamenti agricoli verso i piccoli bambini.

In quanto ai deficienti, io vidi a Parigi applicare largamente l'agricoltura alla loro educazione con quei mezzi che la genialità del Baccelli (1832-1916) volle introdurre nelle scuole elementari quando tentò di istituire i "campicelli educativi". Cioè in ogni *campicello* si seminano prodotti agricoli diversi, dimostrando praticamente in quale modo e in quale epoca avvengano le seminagioni e i raccolti, quale [sia] il tempo di sviluppo dei vari prodotti e quale la maniera di preparare il terreno, di arricchirlo con i concimi naturali o chimici eccetera. Lo stesso per le piante ornamentali e per il giardinaggio, che forma poi il lavoro di massimo provento per i deficienti quando sono in età di esercitare una professione.

Ma questo lato dell'educazione, se contiene prima un metodo oggettivo di cultura intellettuale e poi una preparazione professionale, non è, secondo me, da prendersi in alcuna considerazione per l'educazione infantile. Il concetto educativo in questa età deve essere unicamente quello di aiutare lo svolgimento psico-fisico dell'individuo; e in tal caso l'agricoltura e la coltivazione degli animali contengono in sé mezzi preziosi di educazione morale, i quali possono [essere approfonditi] assai più di quel che non faccia la Latter, la quale vi riconosce essenzialmente la via di condurre l'anima del fanciullo al sentimento religioso. In verità in questa via, che è una scala, possono riconoscersi vari gradini di passaggio; ne accenno qui i principali:

1. *Il fanciullo s'inizia all'osservazione* dei fenomeni della vita; egli si pone perciò innanzi alle piante e agli animali in condizioni analoghe a quelle in cui si trova il maestro *osservatore* verso di lui. A poco a poco, crescendo l'interesse all'osservazione, crescono pure le sue cure premurose verso gli esseri viventi – e da qui si può logicamente far giungere il bambino ad apprezzare le cure che di lui si prendono la maestra e la madre.

2. *Il fanciullo s'inizia alla previdenza* in forza di *un'autoeducazione*. [Quando egli capisce] che la vita delle piante seminate dipende dalla sua cura [nell']innaffiarle e quella degli animali dalla sua diligenza nel nutrirli, senza di che la

pianticina si secca e l'animale soffre la fame, diventa vigile come chi incomincia a sentire una missione nella vita. Inoltre una voce ben diversa da quella della madre e della maestra che lo richiamano ai suoi doveri [si fa sentire a questo punto] esortandolo a non dimenticare mai il compito intrapreso: è la voce gemente della vita bisognosa che vive delle sue cure. Tra il bambino e gli esseri viventi ch'egli coltiva nasce una corrispondenza misteriosa, che induce il fanciullo a compiere alcuni determinati atti senza l'intervento della maestra, [e questi] lo conducono ad *un'autoeducazione*.

I premi che il fanciullo raccoglie rimangono pure tra lui e la natura: ecco, una mattina, dopo lunghe cure pazienti per portare il becchime e le pagliuzze ai piccioni che covano – i piccoli! Ecco una quantità di pulcini pigolare intorno alla chioccia che ieri stava immobile [alla] cova. Ecco un giorno i coniglietti tenerissimi entro la conigliera, dove prima viveva solitaria la coppia dei grossi conigli, alla quale egli aveva non poche volte portato con molto amore le verdure avanzate in cucina a sua madre. Io non ho potuto ancora impiantare [a] Roma l'allevamento degli animali; ma nella Casa dei Bambini di Milano vivono parecchi animali, tra cui una coppia di graziosissime galline americane piccole e bianche, che abitano in un minuscolo ed elegante *chalet* simile nella sua costruzione a una pagoda cinese: e [lì] un pezzetto di terreno chiuso da un recinto è riservato alla coppia. La porticina dello *chalet* si chiude a chiave la sera, ed i bambini a turno [se] ne prendono cura. Con quanta gioia il mattino vanno ad aprire la porticina, a portare l'acqua e il becchime! E con quale cura vigilano durante tutto il giorno e, la sera, richiudono a chiave la porticina dopo essersi assicurati che nulla [manchi] alle galline! Mi comunica la maestra che, tra tutti gli esercizi educativi, questo è il più gradito – e sembra pure tra tutti il più importante. Molte volte, mentre i fanciulli si occupano in classe tranquillamente [di ciò che ciascuno] preferisce, uno, o due, o tre si alzano in silenzio e vanno fuori a dare un'occhiata agli animali per vedere se [hanno bisogno] di cure. Spesso accade che un fanciullo si assenti per lungo tempo e la maestra lo sorprenda incantato a guardare i pesci che guizzano rosseggiando e risplendendo al sole dentro le acque della fontana.

Un giorno ricevo dalla maestra di Milano una lettera in cui mi parla con grande entusiasmo d'una notizia bella, veramente bella: sono nati i piccoli dei piccioni. Per i bambini fu una gran festa: essi si sentivano un poco padri di quei piccini, e nessun premio artificioso che avesse [lusingato] la loro vanità avrebbe mai potuto provocare [una] così nobile emozione.

Non meno grandi sono le gioie che procura la natura vegetale. In una Casa dei Bambini di Roma, non avendo terreno coltivabile, si sono disposti ad opera della signora Talamo vasi da fiori tutto intorno alla vastissima terrazza e piante rampicanti vicino ai muri. I fanciulli non dimenticavano mai d'innaffiar le piante con i loro piccoli annaffiatoi.

Un giorno, io li trovai seduti in terra tutti in circolo attorno a una splendida rosa rossa che era sbocciata la notte: silenziosi e tranquilli, veramente immersi in muta contemplazione.

3. *I fanciulli s'iniziano alla virtù della pazienza* e *alla fiducia nell'attesa*, [il] che è una forma di fede e di filosofia della vita.

Allorché i bambini pongono un seme nella terra e aspettano che fruttifichi; e vedono il primo apparire della pianticella informe, [...] la crescita e le trasformazioni sino al fiore e al frutto; e vedono come alcune piante germoglino prima e altre dopo; e come le piante caduche abbiano rapida vita e gli alberi fruttiferi una crescita più lenta; finiscono con l'acquistare un equilibrio pacifico della coscienza e i primi germi di quella saggezza che tanto caratterizzavano i lavoratori della terra nei tempi in cui conservavano ancora la loro primitiva semplicità.

4. *I fanciulli s'ispirano al sentimento della natura* che è mantenuto dalle meraviglie della creazione, la quale *dona* con generosità non misurata al lavoro di chi l'aiuta a svolgere la vita delle creature.

Già sul lavoro che il bambino compie nasce una specie di corrispondenza tra la sua anima e le vite che si svolgono sotto le sue cure. Il bambino ama naturalmente le manifestazioni della vita: la signora Latter ci narra come facilmente i piccini si interessino anche ai lombrichi della terra e al movimento delle larve degli insetti nel concime senza sentire quel ribrezzo che noi, cresciuti nell'isolamento dalla natura, proviamo verso certi animali. È bene dunque sviluppare questo sentimento di *fiducia* e di *confidenza* negli esseri vivi, che è poi una forma d'amore e di unione con l'universo.

Ma ciò che più [favorisce] il sentimento della natura è [l'allevamento] degli individui vivi, perché essi, con il loro naturale sviluppo, restituiscono assai più [di ciò che si è dato loro] e mostrano qualche cosa di infinito nella loro bellezza e nella loro varietà. Il bambino che coltivò l'iris, il giglio, la rosa o il giacinto, depose nella terra un seme o un tubero e versò periodicamente acqua, così come quello che seminò un alberello fruttifero, [un bel giorno vedono] il fiore sbocciato e il frutto maturato [che si presenta] come un *dono generoso* della natura, un premio ricchissimo a piccolo sforzo. Quasi sembra che la natura corrisponda più con i suoi doni al sentimento di desiderio e all'amore vigilante del coltivatore, anziché fare un bilancio [delle] sue fatiche materiali.

Ben altrimenti sarà quando il fanciullo dovrà raccogliere i frutti materiali del suo lavoro: oggetti immobili, uniformi, che si consumano e si disperdono anziché accrescersi e moltiplicarsi.

La differenza tra i prodotti della natura e quelli dell'industria, tra prodotti divini e quelli umani: ecco ciò che dovrà spontaneamente nascere come una constatazione di fatto nella coscienza dei fanciulli.

Ma al tempo stesso, come la pianta deve dare il suo frutto, così l'uomo deve dare il suo lavoro.

5. *Il fanciullo segue la via naturale dello sviluppo del genere umano*. Infine tale educazione fa armonizzare l'evoluzione individuale con quella dell'umanità. L'uomo passò dallo stato naturale a quello artificiale, procedendo attraverso i lavori dell'agricoltura; quando scoprì il segreto di intensificare la produzione della terra, ottenne il premio della civiltà.

Ugual cammino dovrà percorrere il fanciullo che è destinato a diventare un uomo civile.

I benefici del contatto con la natura

Se [...] pensiamo [a quanto di più] i bimbi deboli, tubercolosi o rachitici, sono esposti alla natura nei moderni sanatori, perché l'esperienza ha indicato come unico mezzo a cui ricorrere per guarirli il farli dormire all'aria aperta e [il farli] vivere al sole, deve rimaner chiaro che tanto più i fanciulli normali e forti potrebbero non solo resistere, ma anche rinvigorirsi esponendosi più largamente di quello che non facciano agli elementi naturali. Tuttavia ci sono ancora troppi pregiudizi su tale argomento, perché tutti ci siamo fatti volontariamente prigionieri e abbiamo finito con l'amare la nostra prigione e trasmetterla ai nostri figlioli. La *natura* si è a poco a poco ristretta, nella nostra concezione, ai fiorellini che vegetano e agli animali domestici utili per il nostro nutrimento, per i nostri lavori o per la nostra difesa. Con ciò anche l'anima nostra si è *rattrappita*: si è adattata a contenere dei contrasti e delle contraddizioni, a confondere perfino il piacere di vedere animali con l'esser vicini alle povere bestie destinate a morire per nutrirci o a contemplare il canto e la bellezza di uccelli prigionieri in piccole gabbie con una specie di nebuloso "amore per la natura"! Non c'è anche il pregiudizio che trasportando un po' di sabbia del mare in un recipiente a forma di tavolino si "dia un immenso aiuto" al fanciullo? Molte volte, anzi, si pensa che la riva del mare sia educativa *perché* vi si trova la sabbia come nel recipiente. Così, nella confusione di una secolare prigionia, si giunge alle più assurde concezioni.

La natura, in verità, fa paura alla maggior parte [delle persone che] temono l'aria e il sole come nemici mortali. Si teme la brina notturna come un serpente nascosto tra la vegetazione. Si teme la pioggia quasi quanto l'incendio. Se oggi le esortazioni dell'igiene spingono un po' l'uomo civile, questo carcerato soddisfatto, verso la libera natura, egli lo fa timidamente, con la più oculata precauzione. Dormire all'aperto, esporsi ai venti e alle piogge, sfidare il sole, tuffarsi nell'acqua [sono cose] di cui si può giungere a parlare, ma non sempre a metter[le] in pratica.

Chi non corre a chiudere una porta per timore di una corrente d'aria? E chi non chiude le finestre prima di addormentarsi, specialmente se è inverno e se piove? Quasi nessuno dubita che fare lunghissime passeggiate in aperta campagna anche sotto il sole o la pioggia, ricorrendo ai ripari che s'incontrano naturalmente, sia uno sforzo eroico, un rischio. Bisogna esserci abituati, dicono: e non si muovono. Come abituarsi, allora? Forse i piccoli bambini si dovranno abituare? Ma no: essi anzi sono i più protetti. Perfino gli inglesi, pionieri dello sport, escludono i piccolini dalle prove della natura e della fatica: è proprio là che la buona *nurse* li trascina, già grandi e cresciuti, in carrozzelle all'ombra quando fa buon tempo, e non li lascia né camminare lungamente né agire spontaneamente. No, lo sport, [proprio] dove è nato, è nato come una vera battaglia dei giovanotti più robusti e più coraggiosi: quelli stessi che si chiamano sotto le armi a combattere il nemico.

Sarebbe prematuro dire: sguinzagliate i bambini. Assecondateli: essi corrono fuori quando piove, si levano le scarpe quando trovano pozze d'acqua, e, quando l'erba dei prati è umida di brina, corrono con i loro piedini nudi per calpestarla; riposano pacificamente quando l'albero li invita ad addormentarsi alla sua ombra; gridano e ridono quando il sole li sveglia al mattino, [così] come sveglia ogni creatura vivente che divide la sua giornata tra la veglia ed il sonno. Ma noi invece ci domandiamo ansiosi come far dormire il bambino dopo l'aurora e come insegnargli a non levarsi le scarpe e a non fuggire sui prati. Quando [imprigionato] da noi, degenerato ed irritato dalla prigionia, egli uccide insetti o piccoli ed innocui animaletti, ci sembra "naturale"; e non ci accorgiamo che quell'anima è diventata già estranea alla natura. Ciò che chiediamo ai nostri bambini è che si adattino alla prigione senza darci fastidio.

Le energie muscolari dei bambini piccolissimi sono superiori a quanto supponiamo: ma per rivelarcele occorre la libera natura.

Il bimbo in città, dopo una piccola passeggiata, si dichiara stanco; e per questo noi crediamo che non abbia forza. Ma il suo languore viene [dall'artificialità] dell'ambiente, [dalla] noia, [dal] vestiario inadatto, [dal] tormento che il piccolo piede morbido soffre, chiuso nelle scarpe di cuoio che battono sul macigno nudo delle vie di città e dall'esempio accasciante delle persone che camminano tutte intorno silenziose, indifferenti e senza sorriso. Le attrattive di un abbigliamento di moda che può essere ammirato [o] di un club da raggiungere sono cose che non esistono per lui. Egli è al guinzaglio. L'accidia lo avvolge e vorrebbe essere trascinato.

Ma se i bambini sono a contatto con la natura, allora viene la rivelazione della loro forza. Anche al di sotto di due anni di età, i bambini normali, se di forte costituzione e ben nutriti, fanno chilometri di cammino. Ripide e lunghe salite al sole sono superate da quelle gambette instancabili. Mi ricordo che un bambino di circa sei anni sparì per delle ore: aveva sempre camminato su di una collina, pensando che, potendo arrivare in cima, avrebbe visto il mondo che sta dall'altra parte. Ma non era stanco: era disilluso di non aver trovato quello che cercava. Conobbi una volta una giovane coppia che aveva un bambino di appena due anni; babbo e mamma, volendo andare ad una spiaggia molto lontana, avevano pensato di portare il piccolo in braccio un po' per uno: ma la fatica era stata eccessiva. Avvenne che il piccolo fece con entusiasmo tutta la strada da sé e ripeté la passeggiata ogni giorno. Invece di portarlo in braccio, i genitori facevano il sacrificio di camminare più adagio e di fermarsi quando il bambino si fermava per raccogliere qualche piccolo fiore oppure quando, scoprendo la bellezza di un asinello che mangiava l'erba di un prato, si sedeva serio e meditativo a far compagnia un istante a quell'essere umile e privilegiato. Invece di portare il loro bambino, quei genitori avevano risolto il problema seguendo il loro bambino.

Solo i poeti sentono il fascino di un fine rivoletto di acqua sorgiva tra i macigni, così come lo sente il piccolo bambino, che si entusiasma e ride, e vuol fermarsi a toccarlo con la mano come per accarezzarlo. Nessuno che io sappia, [tranne] san Francesco, ha ammirato l'insetto modesto o il profumo di un'erbicciuola senza attrattive, come [fa] uno di questi piccolini.

Conducete, vi prego, fra le vostre braccia, un infante che non ha ancora cominciato a camminare; tenetelo, per una via di campagna da cui si scorga un orizzonte magnifico e grandioso; tenetelo, dico, in modo da rivolgere la schiena al panorama. Lo vedrete fare sforzi per rivoltarsi e guardare lo spettacolo. Arrestatevi con lui! Egli gode di quella bellezza quando ancora non sa reggersi in piedi e la sua lingua non sa chiedere di fermarsi. Sì, lo possiamo dire parafrasando [un detto evangelico]: egli non vive di solo latte.

E avete mai visti [dei fanciulli] seri, affaccendati attorno al cadavere di un uccelletto caduto dal nido, correre avanti ed indietro, raccontare, chiedere, agitarsi con una pena sincera? Ebbene, quelli sono i bambini che, nel prossimo periodo di degenerazione, potranno giungere fino a dar la caccia ai nidi.

Il sentimento della natura cresce con l'esercizio come ogni altra cosa; e non è certo trasfuso da noi con qualche descrizione od esortazione fatta pedantescamente dinanzi ad un bimbo inerte e annoiato chiuso tra mura e abituato a vedere o sentire che la crudeltà verso gli animali è una necessità della vita. Sono le esperienze che lo colpiscono: la morte del primo colombo ucciso volontariamente da [una] persona della sua famiglia è il punto nero nel cuore di quasi tutti i fanciulli. Noi dobbiamo ai bambini una riparazione più che una lezione. Dobbiamo guarire le ferite inconsce, le malattie spirituali, che già si trovano in questi piccoli graziosi figli dei prigionieri dell'ambiente artefatto.

La natura nell'educazione scolastica

L'educazione nella scuola potrà fissare l'attenzione del bambino su oggetti particolari che precisino quanto egli ha potuto svolgere in sé del suo amore per la natura o che risveglino in lui sentimenti latenti o smarriti. Dargli motivi di attività, e insieme conoscenze che lo interessino, [diventa] qui, come in ogni altro ramo, la possibilità dell'educazione scolastica.

Il bambino, che è il più grande osservatore spontaneo della natura, ha indubbiamente bisogno di avere a sua disposizione un *materiale* su cui agire.

Le cure premurose verso gli esseri viventi sono la soddisfazione di uno degli istinti più vivi dell'anima infantile. Perciò si può organizzare facilmente un servizio attivo di cure alle piante e specialmente agli animali. Nessuna cosa è più capace di questa di risvegliare un atteggiamento di previdenza nel piccolo bimbo che vive il suo attimo passeggero senza [preoccupazioni] per il domani. Ma, quando sa che quegli animali hanno bisogno di lui e che le pianticelle si seccano se non le innaffia, il suo amore va collegando con un filo nuovo l'attimo che passa con il rinascere del giorno seguente.

La libera scelta

Eccoci nella pratica. Eccoci nella scuola. I materiali dello sviluppo sensoriale, stabiliti [in seguito a] ricerche sperimentali, fanno parte dell'ambiente.

A poco a poco, seguendo le indicazioni che il metodo [prescrive in base a] una lunga esperienza, la maestra "presenta" ora l'uno ora l'altro materiale, secondo l'età del bambino e secondo la progressione sistematica degli oggetti.

Ma tale presentazione non è che un primo atto, il quale serve per far conoscenza, e niente più. È dopo che cominciano gli atti importanti. Secondo le attrattive varie, il bambino andrà scegliendo spontaneamente qualcuno tra gli oggetti di cui ha fatto conoscenza e che gli vennero già presentati.

Il materiale è lì esposto: egli deve solo stendere la mano per coglier[lo]. Può portare l'oggetto prescelto dove più gli piaccia: sopra un tavolino, presso [la] finestra, in un angolo oscuro o sopra un bel tappetino disteso al suolo, e usarlo ripetutamente tanto quanto si senta di farlo.

Che cosa è che lo spinge a scegliere un oggetto piuttosto che un altro? Non l'imitazione, perché ogni oggetto è in un solo esemplare: se un fanciullo lo sta usando [in quel momento] nessun altro può usarlo.

Non è dunque l'imitazione. Anche il modo in cui il bambino userà il materiale ce lo dimostra: perché il bambino finisce per immergersi nel suo esercizio con tale intensità di attenzione che non si accorge più delle cose circostanti e continua a lavorare, ripetendo l'esercizio uniformemente decine e decine di volte consecutive. Questo è il fenomeno della concentrazione e della ripetizione dell'esercizio, a cui è collegato lo sviluppo interiore. Nessuno può concentrarsi per imitazione. L'imitazione infatti lega all'esterno. E qui si tratta di un fenomeno assolutamente opposto: cioè l'astrazione dal mondo esteriore e il legame strettissimo con il mondo intimo e segreto che opera dentro il bambino. Non vi ha influenza nemmeno un interesse di apprendimento o di finalità esterna: niente di ciò può essere collegato con quel muovere e spostare di oggetti che tornano ogni volta invariati nella posizione primitiva. È dunque un fatto tutto interiore, collegato con i bisogni presenti del bambino e, perciò, con delle condizioni caratteristiche della sua età. Infatti un adulto non avrebbe mai, verso quegli oggetti semplici, un interesse tanto grande da ripetere decine di volte i loro spostamenti trovandone piacere: e tanto meno le facoltà interiori di un adulto potrebbero concentrarsi [su quegli oggetti] in modo da [diventare] quasi insensibile agli avvenimenti esteriori. La maestra [quindi] si trova su tutt'altro piano psichico del bambino e non potrebbe minimamente influire su tale fenomeno. Siamo perciò dinanzi ad una vera e propria rivelazione del mondo interiore. Gli stimoli esterni come una calamita attirano al di fuori qualche manifestazione collegata con le profondità dell'anima. Ci troviamo dinanzi ad un fenomeno di sviluppo puro e semplice.

Il fatto viene chiarito osservando l'agire di bambini assai più piccoli. Essi mostrano talvolta un fenomeno del tutto analogo, benché limitato al campo motorio: e consiste nel trasportare ad uno ad uno oggetti simili da un luogo a un altro. Solo più tardi nell'età, il bambino ama trasportare oggetti con [...] uno scopo esteriore da raggiungere, come apparecchiare una tavola, riporre le cose in un cassetto eccetera. Esiste dunque un periodo formativo in cui le azioni non hanno nessuno scopo, nessuna applicazione esterna. Analoghi fatti si riscontrano durante lo sviluppo del linguaggio, quando il bambino per lungo tempo ripete suoni, sillabe o parole senza ancora utilizzare il linguaggio né applicarlo a oggetti esterni.

Questo fenomeno, così generale in tutte le manifestazioni di sviluppo della vita psichica, [riveste] dunque il più alto interesse.

Ciò richiede che il bambino sia lasciato alla *libera scelta* degli oggetti: il fenomeno sarà tanto più [facilitato] quanto più [saranno] eliminati gli ostacoli che si frappongono tra [lui] e l'oggetto a cui l'anima inconsciamente aspira.

Ostacolo sarà ogni cosa esterna e più ancora ogni attività esteriore [che] devii quel fragile e occulto impulso vitale che guida il piccolo, benché [egli] non ne sia ancora cosciente. La maestra perciò può divenire il principale ostacolo perché [svolge] un'attività più energica e cosciente di quella dei bambini. Nell'ambiente in cui gli stimoli sensoriali sono esposti alla libera scelta del bambino, la maestra (dopo che in un primo tempo già essa li mostrò e ne insegnò l'uso) deve dunque cercare di eliminarsi.

L'educazione dei sensi

Il nostro materiale per lo sviluppo dei sensi ha una storia sua propria. Rappresenta una selezione, basata su accurati esperimenti psicologici del materiale usato da Itard e Séguin nei loro tentativi di educare bambini deficienti e mentalmente menomati, degli oggetti usati come prove in psicologia sperimentale e di una serie di materiali da me designati nel primo periodo del mio lavoro sperimentale. Il modo con cui questi differenti mezzi furono usati dai bambini, le reazioni in essi provocate, la frequenza con cui essi usarono questi oggetti e soprattutto lo sviluppo che resero possibile, ci offrirono man mano criteri degni di fiducia per la eliminazione, la modifica e l'accettazione di questi mezzi come materiale delle nostre scuole. Colore, dimensioni, forma, insomma tutte le loro qualità furono sperimentalmente stabilite. Poiché in questo libro non trattiamo di questo periodo del nostro lavoro, vale la pena di menzionare [tale] fatto.

Per evitare malintesi e confutare le critiche espresse dopo che il nostro metodo fu noto in tutto il mondo, può essere egualmente utile stabilire lo scopo della nostra educazione dei sensi. L'ovvio valore dell'educazione e del raffinamento dei sensi, allargando il campo della percezione, offre una sempre più solida e ricca base allo sviluppo dell'intelligenza. Per mezzo del contatto e dell'esplorazione dell'ambiente, l'intelligenza innalza quel patrimonio di idee operanti, senza le quali il suo funzionamento astratto mancherebbe di fondamento e di precisione, di esattezza e di ispirazione. Questo contatto è stabilito per mezzo dei sensi e del movimento. Se è possibile educare e raffinare i sensi, anche se ciò è soltanto un'acquisizione temporanea nella vita degli individui che più tardi non li [useranno] in modo così ampio e costante come in certe professioni specificamente pratiche e sensoriali, il valore di questa educazione dei sensi non diminuisce, perché proprio in tale periodo di sviluppo si formano le idee fondamentali e le abitudini dell'intelligenza.

Vi è anche un altro lato importante di questa educazione. Il bambino di due anni e mezzo o tre che viene alle nostre Case dei Bambini ha, negli anni precedenti della sua vita molto attivi e mentalmente svegli, accumulato e assorbito una quantità di impressioni. Questo notevole fatto, la cui importanza può essere difficilmente esagerata, avvenne, però, senza alcun aiuto o guida dall'esterno. Impressioni essenziali e casuali sono tutte accumulate assieme, creando una confusa ma considerevole ricchezza nella sua mente subcosciente.

Con il graduale manifestarsi della consapevolezza e della volontà diventa imperativo il bisogno di creare ordine e chiarezza e di distinguere tra l'essenziale e il casuale. Il bambino è maturo per una riscoperta del proprio ambiente e della ricchezza interiore delle [impressioni] che ne ha riportato. Per rendersi conto di questo bisogno, [...] richiede una esatta guida scientifica, come quella resa possibile dalla nostra dotazione strumentale e dai nostri esercizi. Egli può essere paragonato a un erede inconsapevole dei grandi tesori che possiede, ansioso di apprezzarli attraverso la conoscenza di un esperto di professione, e di catalogarli e classificarli, in modo d'averli a sua piena ed immediata disposizione.

Se par possibile il dubbio sulla permanenza di un'accresciuta e raffinata attività sensoriale in certe sfere d'azione della vita, quest'ultimo fatto sembra certo un'acquisizione della massima durata. Generalmente il primo scopo dell'educazione dei sensi è stato considerato come la ragione dell'importanza attribuitale nel nostro metodo, mentre il secondo non è per noi inferiore, anzi è in realtà il suo primo motivo. La nostra esperienza e quella dei nostri seguaci sono soltanto servite ad avvalorare la nostra idea.

In conclusione possiamo menzionare il grande servigio reso dal nostro materiale sensoriale e dagli esercizi eseguiti con esso per la scoperta di difetti nelle funzioni dei sensi in un periodo in cui può ancora esser fatto molto per porvi rimedio.

Il materiale sensoriale è costituito da un sistema di oggetti che sono raggruppati secondo una determinata qualità fisica dei corpi, come colore, forma, dimensione, suono, stato di ruvidezza, peso, temperatura eccetera. Così, per esempio, un gruppo di campane che riproducono i toni musicali; un insieme di tavolette che hanno differenti colori in gradazione; un gruppo di solidi che hanno la stessa forma e graduate dimensioni e altri che invece differiscono tra loro per la forma geometrica; cose di differente peso e della medesima grandezza; eccetera.

Ogni singolo gruppo rappresenta la medesima qualità, ma in gradi diversi: si tratta quindi di una graduazione in cui la differenza tra oggetto e oggetto varia regolarmente ed è, quando possibile, matematicamente stabilita.

Simile criterio generico va però soggetto a una determinazione pratica che dipende dalla psicologia del bambino; sarà scelto con l'esperienza come adatto a educare solo un materiale che effettivamente "interessa" il piccolo bambino e lo trattiene in un esercizio spontaneo e ripetutamente scelto.

Ogni gruppo di oggetti – materiale dei suoni, materiale dei colori eccetera –, presentando una graduazione, ha dunque agli estremi il "massimo" e il "minimo" della serie, che ne determinano i limiti, i quali, più propriamente, sono fissati dall'uso che ne fa il bambino. Questi due estremi, se avvicinati, dimostrano la differenza più palese che esista nella serie e perciò stabiliscono il più spiccato contrasto che sia reso possibile con il materiale. [Se] il contrasto è rilevante rende evidenti le differenze, e il bambino anche prima di esercitarsi è capace di interessarsene.

Il piccolo esploratore

Qualunque oggetto vogliamo usare per l'educazione sensoriale presenta necessariamente molte qualità diverse come peso, ruvidezza, colore, forma, dimensione eccetera. Come dovremo dunque procedere perché la serie metta invece in rilievo una *sola* qualità? È necessario isolare, tra le tante, una qualità sola dell'oggetto. Questa difficoltà si supera appunto con la serie e le gradazioni: bisogna preparare oggetti identici tra loro in tutto, salvo che nella qualità [che deve variare].

Se si vogliono preparare oggetti che servano per esempio a far distinguere i colori, bisogna costruirli della medesima sostanza, forma e dimensione; e farli differire solo nel colore.

O, volendo preparare oggetti con lo scopo di far rilevare i vari toni della scala musicale, è necessario che essi siano perfettamente uguali all'apparenza, come per esempio le campane che usiamo nel nostro sistema: esse hanno la medesima forma e dimensione e appoggiano tutte sopra un identico sostegno, ma, percosse con un martellino, danno suoni diversi e questi suoni sono l'unica differenza percepibile ai sensi.

Perciò i piccoli strumenti che si mettono tra le mani dei bambini come giocattoli musicali, [dotati di] aste più corte e più lunghe o di tubi di differente altezza disposti a canne d'organo, non si prestano ad un vero esercizio del senso musicale, tendente a differenziare "i suoni". [Infatti] l'occhio può aiutare a distinguerli [guidato dalle] dimensioni diverse; mentre è necessario che l'orecchio sia il solo ricevitore e il solo giudice.

Questo procedimento riesce a dare una grande chiarezza nel differenziare le cose: ed è evidente che la chiarezza pone appunto le basi dell'interesse nel "distinguere".

Dal lato psicologico, è poi noto che per rilevare meglio singole qualità bisogna, per quanto è possibile, isolare i sensi: una impressione tattile è più chiara se si tratta di un oggetto che non conduce il calore, cioè che non dia contemporaneamente impressioni di temperatura, e se il soggetto si trova in luogo oscuro e silenzioso, dove cioè non ci siano impressioni visive né uditive che perturbino le impressioni tattili. Il processo d'isolamento può dunque essere duplice: nel soggetto, isolato da ogni altra impressione dell'ambiente; e nel materiale, [...] graduato secondo una sola qualità.

E questa precisione, che è come il limite di perfezione al quale bisogna tendere, rende possibile un lavoro di analisi interno ed esterno, [adatto] a dare ordine alla mente infantile.

Il bambino che è per sua natura un appassionato esploratore dell'ambiente perché ancora non ha avuto tempo e modo di conoscerlo esattamente, volentieri "chiude gli occhi" o si benda per sottrarsi alla luce quando esplora le forme con le sue mani; e volentieri accetta l'oscurità per riuscire a percepire i rumori minimi.

L'ambiente educativo

Ai tanti caratteri sopraddetti altri se ne devono aggiungere, che però non si riferiscono in particolare agli oggetti sensoriali ma dovrebbero estendersi possibilmente a tutto ciò che circonda il bambino; essi sono:

1. *Il controllo dell'errore.*

Si deve possibilmente cercare che i materiali offerti al bambino contengano in sé il "controllo dell'errore", così come sono per esempio gli incastri solidi, cioè sostegni di legno che portano dei fori ai quali si adattano cilindri di graduale dimensione, da fini a grossi, [...] da alti a bassi o da piccoli a grandi. Gli spazi, essendo esattamente corrispondenti ai cilindretti da deporvi, non [possono essere riempiti] tutti erroneamente, poiché alla fine dovrebbe rimanerne uno fuori di posto, e ciò [denuncerebbe] lo sbaglio commesso; appunto come, in una bottoniera, l'ordine sbagliato o il bottone dimenticato si rivelano alla fine con un'asola vuota. In altri materiali, come nelle tre serie di blocchi, la grandezza, il colore eccetera, degli oggetti e il fatto che il bambino si sia già esercitato a constatare gli errori, rende questi visibili fino all'evidenza.

Il controllo materiale dell'errore conduce il bambino ad

accompagnare i suoi esercizi con il ragionamento, con la critica, con l'attenzione sempre più interessata all'esattezza, con una capacità raffinata di distinguere le piccole differenze, e [gli] prepara così la coscienza a controllare gli errori, anche quando questi non sono più materiali o sensibilmente evidenti.

E non soltanto gli oggetti per l'educazione sensoriale e per la cultura, ma tutto nell'ambiente è preparato in modo da rendere facile il controllo degli errori. Gli oggetti, dal mobilio ai singoli materiali di sviluppo, sono dei denunciatori la cui voce ammonitrice non può sfuggire.

I colori chiari e la lucentezza denunciano le macchie; e la leggerezza denuncia le movenze ancora imperfette e rozze [poiché i mobili cadono o strisciano] con rumore sul pavimento. [In tal modo] tutto l'ambiente è come un educatore severo, una sentinella sempre all'erta: e ciascun bambino ne sente gli ammonimenti come se fosse solo dinanzi a quell'inanimato maestro.

2. *L'estetica.*

Un altro carattere degli oggetti è di essere attraenti. Il colore, la lucentezza e l'armonia delle forme sono [qualità] curate in tutto quanto circonda il bambino. Non solo il materiale sensoriale, ma tutto l'ambiente è [...] preparato [in modo da] attirarlo, così come in natura i petali colorati attirano gli insetti a succhiare il nettare che essi nascondono.

«Usami con cura» dicono i tavolini chiari e lustri; «non lasciarmi oziosa» dicono le piccole scope [che hanno] il bastone dipinto a fiorellini; «immergi qui le tue manine» dicono i lavabi puliti e pronti con i loro saponetti e spazzolini.

E i telai delle allacciature con i bottoni argentati sulla stoffa verde, i bei cubi rosa, le spolette dai sessantatré colori in gradazione o le belle lettere colorate dell'alfabeto giacenti nei loro compartimenti [costituiscono altrettanti] inviti delle cose.

E il fanciullo obbedisce [all']oggetto che corrisponde in quel momento al suo più vivo bisogno di azione. Così, in un campo, i petali di tutti i fiori chiamano altre vite con i loro profumi e con i colori, ma l'insetto sceglie il fiore che è fatto per lui.

3. *L'attività.*

Altro carattere del materiale di sviluppo deve essere quello di *prestarsi all'attività* del bambino. La possibilità di trattenere con interesse l'attenzione infantile non dipende tanto dalla "qualità" contenuta nelle cose, quanto dalla possibilità che offrono di agire.

Cioè, per rendere interessante una cosa, non basta che sia interessante in se stessa, ma occorre che si presti all'attività motrice del bambino. Bisogna che ci siano per esempio piccoli oggetti da spostare – ed è allora il movimento della mano, più che gli oggetti, [a trattenere] il bambino occupato nel fare e nel disfare, nello spostare e nel riordinare molte volte di seguito le cose, rendendo possibile una occupazione prolungata. Un giocattolo bellissimo, una visione attraente, un racconto stupefacente possono senza dubbio richiamare l'interesse infantile, ma, se il bambino deve soltanto "vedere" o "ascoltare" o "toccare" un oggetto immutabile, quell'interesse sarà superficiale, passando da cosa a cosa. Così l'ambiente è tutto combinato in modo da prestarsi all'attività infantile; è bello, ma ciò non interesserebbe il bambino che un giorno solo, mentre il fatto che ogni oggetto [possa] essere rimosso, usato e riportato al suo posto rende l'attrattiva dell'ambiente inesauribile.

4. *I limiti.*

Infine, un altro principio generale comune a tutti i "mezzi materiali" costruiti per l'educazione è il seguente, finora assai poco compreso, eppure del più alto interesse pedagogico: [...] il materiale deve essere "limitato in quantità". Questo fatto, una volta constatato, è logicamente chiaro alla nostra comprensione: il bambino normale non ha bisogno di "stimoli che lo risveglino", che "lo mettano in rapporto con l'ambiente reale". Egli è sveglio, e i suoi rapporti con l'ambiente sono innumerevoli e continui. Invece ha bisogno di ordinare il caos che si è formato nella sua coscienza [a causa della] moltitudine di sensazioni che il mondo gli ha dato. Egli non è un "dormiente della vita" come il fanciullo deficiente, ma è un "esploratore ardito nel mondo, nuovo per lui" e, come esploratore, ciò di cui ha bisogno è *una strada* (cioè qualcosa di limitato e di diretto) che lo conduca al suo fine e lo salvi dalle deviazioni affaticanti che non permettono di avanzare. Allora egli si "attacca appassionatamente" a quelle cose – limitate e dirette allo scopo – che ordinano il caos formatosi in lui e che con l'ordine danno condizioni di chiarezza alla mente esploratrice e le forniscono una guida nelle ricerche. L'esploratore, dapprima abbandonato a se stesso, diventa allora un uomo illuminato, che fa ad ogni passo nuove scoperte e avanza con la forza che dà la soddisfazione interiore.

Quanto queste esperienze devono modificare il concetto che molti hanno ancora, cioè che il bambino sia tanto più aiutato [...] quanti più oggetti educativi siano messi a sua disposizione! Noi tutti crediamo erroneamente che il bambino più "ricco di giocattoli", più "ricco d'aiuti", possa essere il meglio sviluppato. Invece la moltitudine disordinata di oggetti [appesantisce] l'animo di un nuovo caos e lo opprime nello scoraggiamento.

I "limiti" negli aiuti che conducono il bambino a dare ordine alla sua mente e a facilitargli la comprensione delle cose infinite che lo circondano sono [ciò che è massimamente necessario] per risparmiare le sue forze e per farlo avanzare con sicurezza sulle vie difficili dello sviluppo.

Il lavoro manuale

Si distingue il lavoro manuale dalla ginnastica manuale, in quanto questa ha lo scopo di esercitare la mano e quello di compiere un lavoro determinato avente o simulante uno scopo socialmente utile. L'una perfeziona l'individuo, l'altro arricchisce l'ambiente; le due cose sono tuttavia collegate, perché solo chi perfeziona la propria mano può, in generale, produrre un lavoro utile.

Ho creduto, dopo breve prova, di escludere completamente i lavori del Fröbel (1782-1852) perché le tessiture e le cuciture su cartoncini sono inadatte allo stato fisiologico dell'organo visivo infantile, in cui i poteri dell'accomodazione dell'occhio non hanno ancora raggiunto il completo sviluppo: quindi quei lavori provocano uno *sforzo* dell'organo che può avere una fatale influenza sullo sviluppo della vista. Gli altri lavorini del Fröbel, come le piegature di carta, sono esercizi della mano, non lavori.

Infine resterebbero i lavori di plastica, i più razionali tra tutti i lavori del Fröbel, consistenti nel far riprodurre dal bambino con la creta oggetti determinati.

Io però, in base al sistema di libertà che mi sono proposta, non amavo *far copiare* nulla ai fanciulli: e, dando loro la creta perché la plasmassero a capriccio, non indirizzavo i bambini a produrre lavori utili, né compivo un'opera educativa, in quanto, come più tardi dirò, i lavori di plastica libera servono a studiare l'individualità psichica del fanciullo nelle sue manifestazioni spontanee, ma non a educarlo.

Pensai perciò di sperimentare nelle Case dei Bambini alcuni lavori interessantissimi che avevo veduto compiere da un geniale artista, il professor Randone, nella Scuola di arte educatrice da lui fondata, scuola sorta insieme a una società per i giovanetti chiamata Giovinezza gentile; [sia] la scuola [sia] la società [hanno] lo scopo di educare i giovani alla gentilezza verso l'ambiente, cioè al rispetto degli oggetti, degli edifici, dei monumenti: parte veramente importante dell'educazione civile e che m'interessava in modo particolare per le Case dei Bambini, avendo tale istituzione lo scopo fondamentale d'insegnare appunto il rispetto delle mura, della casa, dell'ambiente.

Molto opportunamente il professor Randone aveva pensato che la società Giovinezza gentile non poteva aridamente fondarsi su predicazioni teoriche di principi di civiltà o su impegni presi moralmente dai ragazzi, ma che doveva procedere da una educazione artistica, conducente il giovinetto ad apprezzare, ad amare e quindi a rispettare gli oggetti e specialmente i monumenti. Così la Scuola di arte educatrice fu ispirata da un vasto concetto artistico, comprendente la riproduzione degli oggetti che più comunemente s'incontrano nell'ambiente: la storia e la preistoria della loro produzione e l'illustrazione dei principali monumenti cittadini, che in Roma sono in gran parte costituiti da monumenti archeologici. Per raggiungere più direttamente lo scopo, il professor Randone fondò la sua mirabile scuola nello spessore di una delle più artistiche parti delle mura di Roma, cioè le Mura di Belisario, prospicienti Villa Umberto I: mura affatto trascurate dalle autorità, in nessun modo rispettate dai cittadini e che il Randone circondò di cure, ornandole di graziosi giardini pensili al di fuori e collocandovi dentro la Scuola di arte, formatrice di Giovinezza gentile.

Qui il Randone ha cercato molto opportunamente di riedificare e di ravvivare una forma d'arte che fu già gloria italiana e fiorentina: l'arte vasaia, cioè quella di costruire il vaso.

L'importanza archeologica, storica e artistica del vaso è tra le più grandi e può solo paragonarsi alla numismatica. Infatti l'oggetto primo di cui abbisognò l'umanità fu il vaso, che nacque insieme all'utilizzazione del fuoco e prima della scoperta della produzione del fuoco. Invero i primi alimenti dell'uomo furono cotti in un vaso.

Uno degli oggetti etnicamente più importanti per giudicare la civiltà di un popolo primitivo è il grado di perfezione raggiunto dai vasi; infatti, il vaso per la vita domestica, come l'ascia per la vita sociale, sono i primi simboli sacri che vediamo nascere nelle epoche preistoriche e sono i simboli religiosi collegati con i templi degli dei e con il culto dei morti. Ancora le religioni odierne hanno nei Sancta Sanctorum i vasi sacri.

I popoli progrediti nella civiltà manifestano il sentimento dell'arte e il gusto estetico [...] nei *vasi*, che si moltiplicano in forme quasi infinite, come ci mostra l'arte egizia, etrusca e greca.

Il vaso perciò nasce, si perfeziona e si moltiplica negli usi e nelle forme con la civiltà umana; e la [sua] storia procede con la storia stessa dell'umanità. Oltre alla sua importanza civile e morale, esso ne ha un'altra pratica: quella di prestarsi ad ogni modificazione di forma, di sostenere ogni più diverso ornamento, cioè di lasciare libera l'opera individuale dell'artista.

Così, una volta appresa la manualità conducente alla costruzione dei vasi ([e questa è] la parte del progresso nel lavoro imparata dall'insegnamento diretto e graduale del maestro) ognuno può apportarvi modificazioni, secondo l'ispirazione del proprio gusto estetico ([e questa è la] parte artistica, individuale, del lavoro). Oltre a ciò nella Scuola del Randone s'insegna ad usare il tornio, a comporre la miscela per dare il bagno alle maioliche e a cuocere i pezzi nel forno: modalità di lavoro manuale che contengono una cultura industriale.

Un'altra forma di lavoro nella Scuola di arte educatrice è la fabbricazione di mattoni minuscoli con la relativa cottura al forno e la costruzione di minuscole mura elevate con le manualità stesse che i muratori usano nelle costruzioni delle case, unendo i mattoni [per] mezzo della calce maneggiata con la cucchiaia. Dopo la costruzione semplice del muro – divertentissima per i bambini che lo elevano accostando mattone a mattone, sovrapponendo fila a fila – i fanciulli passano alla costruzione di vere e proprie case, prima appoggiate sul terreno e poi veramente costruite con le fondamenta, cui precede lo scavo di larghe buche in terra [per] mezzo di piccole zappe e pale. Le casette hanno i fori corrispondenti alle finestre e alle porte e sono variamente ornate nella facciata da mattonelle di maiolica lucide e variamente colorate, lavoro anch'esse dei fanciulli.

Così i bambini imparano ad apprezzare gli oggetti e le

costruzioni che li circondano, mentre un vero lavoro manuale ed artistico li esercita con molto profitto.

Questo è il lavoro manuale che ho adottato nelle Case dei Bambini; dopo due o tre lezioni i piccoli allievi già si appassionano alla costruzione dei vasi e conservano con gran cura i propri lavori dei quali vanno orgogliosi. Con la plastica poi modellano piccoli oggetti, uova o frutta, [con i] quali riempiono i vasi stessi. Uno dei primi lavori è il vaso semplice in creta rossa, pieno di uova in creta bianca; viene poi la modellatura del vaso con uno o più becchi, del vaso a bocca stretta, del vaso con il manico, di quello a due o tre manici, del tripode, dell'anfora.

Per i bambini di cinque o sei anni si comincia il lavoro al tornio. Ma ciò che più esalta la gioia dei bambini è il lavoro di elevare un muro con piccoli mattoni e [il] veder sorgere una casetta frutto delle [loro] mani, vicina al terreno in cui crescono le piante coltivate pure da loro. Così l'età infantile compendia i principali lavori primitivi dell'umanità, quando essa, facendosi da nomade a stabile, chiese alla terra i suoi frutti, si fabbricò dei ricoveri e [modellò] i vasi per cucinare gli alimenti che la feconda terra produce.

Lo scopo dell'educazione

Noi verso i piccoli bambini dobbiamo procedere a tentativi e scegliere il materiale didattico [verso il] quale essi mostrano interesse. Questo ho fatto io nel primo anno di esperienza nelle Case dei Bambini, adottando stimoli differentissimi, alcuni dei quali avevo già sperimentati nella scuola dei deficienti.

Dovetti presso i bambini normali sopprimere una gran quantità del materiale adottato per i deficienti, e altro molto modificarne: ma credo di essere venuta a una scelta di oggetti (qui non li vogliamo chiamare con il linguaggio psicologico: stimoli) che rappresentano il [minimo] necessario alla praticità dell'educazione sensoriale. Tali oggetti costituiscono l'insieme del sistema didattico da me adottato e [si fabbricano] oggi alla Casa di lavoro dell'Umanitaria in Milano.

La descrizione degli oggetti sarà esposta man mano che ne verrà determinato l'uso educativo; qui mi limito solo ad enunciare considerazioni generali:

1. *Differenza di reazione tra i fanciulli deficienti e i normali verso il materiale didattico costituito da graduati stimoli sensoriali.*

Tale differenza è determinata dal fatto che il medesimo materiale didattico, per i deficienti, *rende possibile l'educazione* e, per i normali, *provoca l'autoeducazione.*

Questo fatto è tra i più interessanti riscontrati nella mia esperienza, ed è esso che ha ispirato e reso possibile il metodo dell'*osservazione* e della *libertà*. Supponiamo di usare come primo oggetto un pezzo da incastri solidi, cioè un sostegno dove s'incastrano esattamente dieci piccoli cilindri di legno, la cui base differisce gradualmente di due millimetri circa. Il gioco sta nel togliere dal loro posto i cilindri, metterli sul tavolino, mescolarli e poi infilarli ancora ciascuno al suo posto: lo scopo è di educare l'occhio alla percezione differenziale delle dimensioni.

Per il fanciullo deficiente occorreva, intanto, incominciare da esercizi in cui gli stimoli fossero assai più contrastanti, e si giungeva a questo esercizio dopo molti altri precedenti.

Per i bambini normali questo è invece il *primo oggetto* che si può presentare, e, anche fra tutto il rimanente materiale didattico, questo è l'oggetto preferito dai piccoli bambini da due anni e mezzo [a] tre anni e mezzo d'età.

Per il deficiente, giunti a tale oggetto, occorreva continuamente e attivamente richiamare l'attenzione, invitandolo all'osservazione, al confronto: e giunto una volta il fanciullo a ricollocare tutti i cilindri nel sostegno, si fermava, e il gioco era finito. Allorché il deficiente sbagliava, occorreva correggerlo o spingerlo a correggersi, e, quand'anche egli avesse potuto constatare un errore, ciò lo lasciava generalmente indifferente.

Invece il bambino normale prende spontaneamente un vivissimo interesse al gioco, egli scaccia via tutti quelli che vogliono intromettersi ad aiutarlo e vuole esser solo innanzi al suo problema.

Ne risulta un'attività spontanea che va più lontano della semplice constatazione tra le differenze delle cose e che ha in se stessa il massimo valore. Così il materiale si è rivelato come una chiave che mette il bambino in rapporto con se stesso e apre la sua anima all'espressione e all'attività.

La concentrazione su un esercizio spontaneo lungamente ripetuto è l'indice della superiorità del fanciullo normale.

Un'altra differenza si ha nella "distinzione" di cui è capace il bambino normale tra le cose essenziali e i mezzi secondari, che servono spesso a mettere quelle in rilievo.

Si è detto che nella tecnica dell'educazione dei sensi entra l'isolamento del senso che deve esercitarsi. Così per esempio, dovendo constatare delle differenze tattili, è bene sottrarre il bambino alle impressioni visive o facendo il buio nell'ambiente oppure coprendogli gli occhi con una benda. In altri casi invece è il silenzio che bisogna procurare.

Tutti questi procedimenti riescono veramente ad aiutare il bambino normale a concentrarsi sopra uno stimolo isolato e accrescono verso quello il suo interesse.

Invece il bambino deficiente viene facilmente distratto [...] da queste modalità e distolto [...] dal motivo principale che dovrebbe trattenere la sua attenzione. Nel buio facilmente si addormenta o si dà ad atti scomposti; la benda attrae la sua attenzione invece dello stimolo sensoriale sul quale si voleva polarizzare la sua attenzione, e così l'esercizio viene [...] a degenerare in un gioco inutile o in uno sfogo di gioia chiassosa.

Era già noto che uno dei piaceri maggiori per i piccoli bambini da due a tre anni d'età è quello di spostare piccoli oggetti; e l'esperimento delle Case dei Bambini dimostra la verità di questo asserto degli psicologi.

Ora – ecco la parte importante – il bambino normale *osserva* attentamente il rapporto tra la grandezza del foro e quella dell'oggetto da collocarsi ad incastro e s'interessa vivamente al gioco, così come dimostra l'espressione mimica dell'attenzione.

Se sbaglia ponendo un oggetto troppo grande in un foro più piccolo, cambia direzione e va a tentativi cercando il foro adatto; se invece l'errore è in senso contrario, può essere che il bambino lasci cadere il cilindro in un foro un poco più grande e collochi i successivi cilindri ciascuno nel foro precedentemente più grande nella graduazione; ma infine il foro più stretto rimane vuoto e sul tavolo resta un grosso cilindro. Il materiale didattico *controlla ogni errore*. Allora il bambino si corregge da sé con procedimenti diversi; per lo più palpa i cilindri incastrati facendoli tremolare, per riconoscere quali vanno larghi; talvolta riconosce a colpo d'occhio il punto dell'errore, toglie il cilindro intruso e mette quello rimasto nel suo vero posto, spostando poi tutti gli altri. Sempre *ripete* l'esercizio, con crescente interesse.

L'importanza educativa del materiale didattico risiede appunto in questi *errori*: allorché il fanciullo pone con evidente sicurezza tutti i solidi al loro posto, ha [*superato*] l'esercizio, e quel materiale diventa inutile.

Il correggere se stesso porta il fanciullo a intensificare la sua attenzione sulle differenze di dimensione e a compararle tra loro: in ciò consiste appunto l'esercizio *psico-sensoriale*.

Qui dunque non si tratta di insegnare al fanciullo delle *cognizioni* sulle dimensioni per mezzo di oggetti; né lo scopo è di indurre il bambino a saper usare *senza errore* il materiale che gli si presenta eseguendo *bene* un esercizio.

Ciò metterebbe il nostro materiale alla stregua di qualunque altro, per esempio di quello [del] Fröbel; e richiederebbe l'opera attiva della maestra, che dovrebbe agire fornendo cognizioni e affrettandosi a correggere ogni errore, affinché il bambino [*impari*] l'uso degli oggetti.

Qui invece è l'esercizio del bambino, l'autocorrezione, l'autoeducazione che agisce; perciò la maestra *non deve minimamente* intervenire. Come nessun maestro può fornire all'allievo l'*agilità* che si acquista con l'*esercizio* ginnico, ma è *necessario* che l'allievo *si perfezioni* da se stesso, [per mezzo del] proprio lavoro, così [succede] qui [in modo molto analogo] per l'educazione dei sensi.

Si potrebbe ripetere che lo stesso avviene per ogni forma di educazione: l'uomo vale non per i maestri che ha avuto, ma per ciò che ha fatto.

Una delle difficoltà ad attuare questo metodo con maestre dell'antica maniera è appunto quella d'impedire il loro intervento allorché il piccolo bambino resta imbarazzato lungamente innanzi all'errore, con le sopracciglia aggrottate e le labbra a tubo, e fa tentativi ripetuti per correggersi. Allora le maestre antiche sono prese da pietà e intervengono con forza quasi irresistibile ad aiutare il bambino. Quando s'impedisce loro questo intervento, hanno alte parole di compassione per il piccolo allievo; ma ben presto questi dimostra nel viso sorridente la gioia di aver superato un ostacolo.

I bambini normali *ripetono* tali esercizi molte volte [...] secondo gl'individui; alcuni dopo cinque o sei volte ne sono stanchi, ma altri per più di *venti volte* spostano e ricollocano i pezzi, senza mai cessare una vivissima espressione mimica del viso. Una volta io, dopo aver contato sedici esercizi di una piccina di quattro anni, feci cantare un inno alla scolaresca per distrarre l'attenzione della [bambina]; ma essa continuò imperturbata a sfilare, a mescolare e a rimettere a posto i cilindretti.

Una maestra intelligente potrebbe compiere interessantissimi studi di psicologia individuale e, fino ad un certo punto, misurare i tempi di resistenza dell'attenzione ai diversi stimoli.

Infatti, quando il bambino si educa da sé, ed è ceduto al materiale didattico il controllo e la correzione dell'errore, alla maestra non resta più che osservare. Ella dunque, più che maestra, deve essere *psicologa*: e qui si dimostra l'importanza della preparazione scientifica dei maestri.

Infatti con i miei metodi la maestra insegna *poco*, osserva *molto* e, sopra tutto, ha la funzione di *dirigere* le attività psichiche dei bambini e il loro sviluppo fisiologico. Perciò io ho cambiato il nome di maestra in quello di *direttrice*.

Nei primi tempi questo nome faceva sorridere, perché tutti si chiedevano *chi* dovesse dirigere quella maestra che non aveva sottoposti e che doveva lasciare in *libertà* i piccoli scolari. Ma la sua direzione è ben più profonda e importante di quella che comunemente s'intende: poiché questa maestra dirige *la vita e le anime*.

2. *L'educazione dei sensi ha lo scopo di raffinar la percezione differenziale degli stimoli, per mezzo di esercizi ripetuti.*

Esiste perciò una *educazione sensoriale*, che generalmente non è presa in alcuna considerazione, ma che è un fattore necessario da considerarsi in estesiometria [studio del grado di sensibilità].

Per esempio nei *test* mentali che si adottano in Francia, o in una serie di *test* che stabilì il De Sanctis per la *diagnosi* del livello intellettuale, ho visto spesso adottare *cubi* di *varia grandezza* e *posti a diversa distanza*, tra i quali il bambino doveva riconoscere il più *piccolo* e il più *grande*, mentre con il cronometro si misurava il tempo di reazione decorrente tra il comando e l'esecuzione dell'atto, e si notava l'errore.

Io ripetevo che in tale esperienza si dimenticava il fattore *educazione*, intendendo *educazione sensoriale*.

I nostri bambini, tra il materiale didattico per l'educazione dei sensi, hanno per esempio una serie di dieci cubi, il primo dei quali ha lo spigolo di dieci centimetri e gli altri hanno successivamente un centimetro meno di spigolo, fino al più piccolo cubo che ha lo spigolo di un centimetro.

L'esercizio consiste nel gettare a terra sopra un tappetino verde tutti questi cubi che sono di una tinta rosa pallida e [nel] costruirne la *torretta*, ponendo a base il grosso cubo e poi successivamente gli altri fino al cubetto di un centimetro. Il piccino deve ogni volta scegliere sul tappeto verde il più grande cubo.

Questo gioco diverte moltissimo anche i bambini di due anni e mezzo, i quali, appena costruita la torretta, con piccoli colpi la disfanno, ammirano le forme rosee cadute sul fondo verde e ricominciano da capo la costruzione un numero indefinito di volte.

Se innanzi a quel *test* [ponessimo] uno dei miei bambini fra tre e quattro anni di età e uno dei bambini di prima elementare tra sei e sette anni, il mio avrebbe indubbiamente un tempo di reazione minore e non commetterebbe errori. Lo tesso si dica per le prove del senso cromatico eccetera.

Questo metodo educativo può dunque essere preso in considerazione anche dai cultori di psicologia sperimentale.

Concludendo: il nostro materiale didattico, rendendo possibile l'*autoeducazione*, permette una metodica educazione dei sensi. Non sull'abilità della maestra riposa tale educazione, ma sul sistema didattico che prepara oggetti i quali: 1) attraggono l'attenzione spontanea del bambino e 2) contengono una razionale graduazione degli stimoli.

Non bisogna confondere l'*educazione* dei sensi con le *nozioni* concrete che [si possono raccogliere] dall'ambiente per mezzo dei sensi, né con il linguaggio che dà così la nomenclatura corrispondente alle idee concrete, come la costruzione delle idee sintetiche o astratte.

Si pensi a quello che fa il maestro di pianoforte: egli insegna allo scolaro la posizione del corpo, gli dà la nozione delle note, gli mostra la corrispondenza tra la nota scritta e il tasto da toccare, [nonché] la posizione delle dita, e poi lo lascia a se stesso affinché si eserciti. Se da questo scolaro si formerà un pianista, tra le nozioni date dal maestro e le esecuzioni musicali sarà dovuta [intervenire] la lunga, paziente applicazione agli esercizi che servono a dare agilità alle articolazioni delle dita e ai tendini, a rendere automatica la coordinazione di speciali movimenti muscolari e a rinforzare con l'uso ripetuto dell'organo i muscoli della mano.

Il pianista dunque si sarà dovuto *fare da sé*, e sarà tanto più riuscito quanto più le sue tendenze naturali lo avranno indotto ad *insistere* negli esercizi: tuttavia il pianista non si sarebbe mai formato con il solo esercizio, senza la direzione del maestro.

Le direttrici delle Case dei Bambini debbono avere un'idea ben distinta dei due fattori, cioè la guida e l'esercizio individuale. Solo dopo aver fissato tale concetto esse potranno razionalmente procedere all'applicazione di un metodo per guidare l'educazione spontanea del bambino e per impartire le nozioni necessarie.

Nell'opportunità e nelle modalità dell'intervento sta l'arte personale dell'educatrice.

Il ruolo della maestra

Gli oggetti e non l'insegnamento della maestra sono la cosa principale: ed essendo il bambino che li usa, egli [...] è l'entità attiva, non la maestra.

La maestra tuttavia ha molte e non facili mansioni: la

sua cooperazione è tutt'altro che esclusa, ma diventa prudente, delicata e multiforme. Non [c'è bisogno delle] sue parole, della sua energia, della sua severità, ma quel che occorre è la sapienza oculata nell'osservare, nel servire, nell'accorrere o nel ritirarsi, nel parlare o nel tacere secondo i casi e i bisogni. Deve [acquisire] una agilità morale che finora non le fu chiesta da nessun altro metodo, fatta di calma, di pazienza, di carità e di umiltà. Le virtù e non le parole sono la sua massima preparazione.

Volendo riassumere il suo principale compito nella pratica della scuola, si può accennarlo così: la maestra deve spiegare *l'uso del materiale*. Essa è principalmente un punto di collegamento tra il materiale (gli oggetti) e il bambino. Compito semplice, modesto e pur delicato, assai più di [quello] delle vecchie scuole, [dove] il materiale [è] invece un semplice punto di corrispondenza intellettuale tra la *maestra* che deve trasmettere le sue idee e il bambino che deve riceverle.

Qui la maestra non fa altra cosa che facilitare e chiarire al bambino il lavoro attivissimo e continuo che gli è riservato: "scegliere oggetti" ed "esercitarsi con essi". Qualche cosa di simile a quanto succede in una palestra [di] ginnastica dove sono necessari il maestro e gli strumenti: il maestro insegna [...] l'uso delle parallele o delle altalene, fa vedere come si maneggino i pesi eccetera, e gli allievi usano quegli oggetti, e con l'uso "sviluppano" forza, agilità e tutto quanto è possibile che si sviluppi quando le energie muscolari sono messe in rapporto con i vari mezzi che la palestra offre per esercitarsi.

Quel maestro di ginnastica non è un parlatore, è un indicatore. E come [egli] con le parole sulle teorie della ginnastica non riuscirebbe a fare [irrobustire] uno solo dei suoi allievi, così la vecchia scuola falliva assolutamente nel fortificare l'individualità e il carattere dei bambini. Nelle nostre scuole invece, dove la maestra si limita a indicare e a dirigere, a metter a disposizione una palestra di esercizi mentali, i bambini si rinforzano, diventano individualità di robusto carattere, di profonda disciplina e acquistano una salute interiore che è appunto il brillante risultato della liberazione dell'anima.

È duplice lo studio che deve fare la maestra, perché essa deve ben conoscere il lavoro che spetta a lei e l'ufficio riservato invece al "materiale" cioè "ai mezzi di sviluppo". È difficile preparare "teoricamente" una tale maestra che deve "formare se stessa", deve apprendere a osservare, a essere calma, paziente e umile, a trattenere i propri impulsi e ha un compito eminentemente pratico nella sua delicata missione. Essa ha più bisogno, a sua volta, di una palestra per l'anima sua che di un libro per la sua intelligenza.

Tuttavia il suo "compito attivo" si può apprendere con chiarezza e facilità: [...] la maestra [è un] *ente che pone il bambino in rapporto col suo reattivo*. Essa deve sapere scegliere l'oggetto adatto e porgerlo in modo da farlo comprendere e da provocare da parte del fanciullo un interesse profondo.

La maestra deve perciò *conoscere assai bene il materiale* e tenerlo di continuo presente innanzi alla sua mente, e [deve] apprendere con *esattezza* la tecnica anch'essa sperimentalmente determinata [di] *presentare il materiale* [e di] *trattare il bambino per guidarlo efficacemente*. A tutto questo [si rivolge] in modo speciale la preparazione della maestra. Essa potrà studiare teoricamente alcuni principi generali utilissimi ad orientarsi nella pratica, ma acquisterà solo con l'esperienza quelle delicate modalità che variano nel trattare individui diversi; [essa non deve] trattenere menti più sviluppate con materiali inferiori alle capacità individuali, destando tedio, e, d'altra parte, non [deve] offrire oggetti ancora non apprezzabili, mortificando così il primo entusiasmo infantile.

Per conoscere il materiale la maestra non deve contentarsi di vederlo, di studiarlo [con la] guida del libro o di apprenderne l'uso dall'esposizione di un insegnante. Ma occorre che si eserciti lungamente con esso, cercando così di apprezzare con l'esperienza le difficoltà o l'interesse che ogni materiale può presentare, e di interpretare, benché imperfettamente, le impressioni che può riceverne il bambino. Se poi la maestra ha tanta pazienza da "ripetere l'esercizio" così a lungo come [se fosse] un bambino, viene a misurare in se stessa l'energia e la resistenza di cui è capace il fanciullo di una determinata età. Con questo ultimo intento la maestra potrà raggruppare i materiali secondo il grado e saggiare così l'attività che il bambino può esplicare nelle età successive.

La maestra, oltre a mettere il bambino in rapporto con il materiale, lo mette pure in rapporto con l'ordine nell'ambiente. Lo sottopone cioè alla regola su cui si basa un'"organizzazione esterna disciplinare" molto semplice, ma sufficiente a garantire un lavoro tranquillo.

[La regola] è che ciascun oggetto deve avere un luogo determinato, dove si conserva e dove rimane quando non è usato. Il bambino può prendere un materiale soltanto dal luogo in cui esso "è esposto alla libera scelta", e, [quando abbia] finito di usarlo, deve rimetterlo al [suo] posto, nella stessa condizione in cui l'ha preso.

[In altri termini] nessun fanciullo può finire soltanto

[dopo aver soddisfatto il] proprio impulso, ma deve continuare il lavoro fino alla fine, con uno sforzo volontario, per rispetto dell'ambiente e delle regole che lo dirigono. Mai un fanciullo può cedere il suo materiale a un compagno, né quindi prenderlo da lui.

In tal modo, fin dall'inizio si elimina ogni competizione. L'oggetto che non è esposto non esiste per [il bambino] che cerca. E, se lo desidera intensamente, non può fare altro che pazientare e aspettare che il compagno abbia finito d'usarlo e l'abbia riposto nel luogo di esposizione.

Infine la maestra "vigila" affinché il bambino che sta assorto nel suo lavoro non sia disturbato da nessun compagno; e questo ufficio di "angelo custode" delle anime concentrate nello sforzo che dovrà elevarle è tra i più solenni compiti della maestra.

La maestra, nel suo [compito] di guidare il lavoro del bambino con il materiale (le lezioni della maestra) deve distinguere due tempi diversi. Nel primo essa mette il bambino in comunicazione con il materiale, lo "inizia" al suo uso (tempo dell'iniziazione). Nel secondo essa interviene a illuminare il bambino che già è riuscito, con i suoi esercizi spontanei, a distinguere le differenze tra le cose. Allora la maestra può meglio determinare le idee [acquisite] spontaneamente dal bambino, se necessario, e dare la nomenclatura relativa alle differenze percepite.

Il lavoro della nuova maestra è quello di una guida. Essa guida cioè a utilizzare il materiale, a ricercare parole esatte, a facilitare e chiarire ogni lavoro; a impedire perdite di energia, a raddrizzare lo squilibrio eventuale.

Dà così l'aiuto necessario a procedere con sicurezza e rapidità sul cammino dello sviluppo intellettuale.

Vera guida sulla via della vita, essa non spinge né trascina, soddisfatta del suo compito, quando ha garantito a quel prezioso viaggiatore che è il fanciullo la giustezza del cammino.

Per essere una guida sicura e pratica la maestra ha bisogno di molto esercizio.

L'educazione musicale

L'educazione musicale dovrebbe essere fatta con fine metodo ai fanciulli. In generale si vedono i bambini passare accanto alle grandi suonate, come vi passano gli animali: cioè senza percepirne la complessità dei suoni. I ragazzi di strada circondano gli organetti gridando come se avvertissero rumori, anziché suoni.

Per l'educazione musicale bisognerebbe creare [sia] gli strumenti [sia] la musica. Intanto il suo scopo rispetto a quello della discriminazione dei suoni con le campane è di dare il *ritmo* e, si può dire, di *spingere* a movimenti calmi e coordinati quei muscoli già vibranti nella pace dell'immobilità.

Io credo che strumenti a corda, specie di arpe semplificate o di lire, sarebbero i più convenienti: essi costituiscono, insieme ai tamburi e alle campane, il terzo strumento classico dell'umanità; è questo lo strumento della "vita intima individuale" che la leggenda pone in mano ad Orfeo, la favola tra le dita delle fate e la novella tra le mani agili della principessa che conquista il cuore di un principe vezzoso [ai] tempi di una umanità semplice e pacifica, paragonabile alla semplice vita infantile. La maestra che volta la schiena ai fanciulli per produrre sul pianoforte suoni tutt'altro che perfetti, non sarà mai l'*educatrice* del loro senso musicale.

Il fanciullo vuole essere affascinato in tutti i modi – dallo *sguardo* come dalla *posa*; e la maestra che piegandosi verso [i bambini], ponendoseli attorno [e] lasciandoli liberi nelle loro espressioni naturali, toccasse poche corde in un ritmo semplice, si metterebbe in comunicazione, in *rapporto di anima* con loro. Tanto più se accompagnasse questi tocchi semplici con la sua *voce*, lasciando liberi i bambini di seguirla: senza obbligare nessuno a cantare. Così ella potrebbe scegliere come "adatte all'educazione" quelle canzoni che fossero seguite da tutti i bambini o graduare la complicazione del ritmo [in rapporto] alle età, perché vedrebbe seguire [la musica] spontaneamente ora i soli grandi ora anche i piccoli bambini, che adatterebbero la loro forza spontanea alle diverse difficoltà delle canzoni. Io credo in ogni modo che gli strumenti semplici, primitivi, come la zampogna, o gli strumenti a corde siano adatti ai bambini: a raddolcirli, a penetrare nelle loro anime.

Invece gli strumenti a fiato, come una tromba o uno zufolo, sono adatti a *eccitare* i movimenti muscolari ritmici e a provocare una ginnastica spontanea molto educativa, cioè il ballo: il quale dovrebbe assomigliare assai più a quello lieto, libero e innocente dei contadini sull'aia che a quello complicato dei saloni.

Io cerco di condurre la direttrice della Casa dei Bambini di Milano, che è anche una esperta maestra di musica, a dei tentativi di studio sulla capacità musicale dei piccoli bambini. Ella ha fatto molti tentativi con il pianoforte, osservando come i fanciulli *non siano sensibili* al *tono* musicale, ma soltanto al *ritmo*. Sul ritmo ella ha organizzato piccoli e semplici balli figurati con l'intenzione di studiare l'influenza del ritmo stesso sulla coordinazione dei movimenti muscolari. Ma la sua alta sorpresa fu invece l'*effetto educativo disciplinare* di tale musica. I suoi bambini, (con molta sapienza e arte condotti da lei, nella libertà, all'ordine spontaneo degli atti o dei movimenti), cresciuti senza disciplina nei cortili e nelle strade, avevano l'abitudine di saltare talvolta sfrenatamente. Molto ossequiente al metodo della libertà e considerando che saltare non è un male, mai li aveva corretti. Si accorse che moltiplicando gli esercizi di ballo, i bambini a poco a poco diminuivano i salti e finalmente non saltavano più. Allora la direttrice chiese spiegazione di tale mutamento di condotta; alcuni piccoli la guardarono senza rispondere; i grandi le [diedero] risposte varie, ma il cui contenuto era analogo: «Saltare non sta bene», «saltare è brutto», «saltare è uno sgarbo». Questo fu certo uno dei più bei trionfi del nostro metodo!

E ciò pure rivela, insieme alle altre citate esperienze sulle sensazioni, la *educabilità del senso muscolare* nel bambino e la squisitezza di tale senso che è in relazione con la precocità della *memoria muscolare*, in rapporto ad altre forme di memoria sensoriale.

L'acutezza uditiva

L'unica prova finora sperimentata con grande successo nella Casa dei Bambini è quella dell'*orologio* e della *voce afona*. La prova è del tutto empirica e sfugge alla misura, ma per questo non è meno utile saggiare approssimativamente l'acutezza uditiva nei bambini.

Consiste nel far loro sentire in perfetto silenzio il tic-tac dell'orologio e tutti i piccoli rumori che sfuggono comunemente all'orecchio e nel chiamare a uno a uno i piccini da una stanza vicina pronunciando il nome di ciascuno a voce afona.

Per preparare tali esercizi, è necessario insegnare ai bambini il *silenzio*: per questo faccio eseguire vari *giochi del silenzio*, che contribuiscono in modo notevole alla sorprendente capacità di disciplina dei nostri bambini.

Richiamo l'attenzione dei piccini sopra di me – *che faccio silenzio*.

Mi metto in varie pose: in piedi, seduta – *immobile*, *silenziosa*. Un dito che si muova, potrebbe produrre un rumore, sia pure impercettibile; potrei respirare in modo che si sentisse: ma no, tutto è assoluto silenzio. Non è cosa facile. Chiamo un bambino e lo invito a far come me: egli aggiusta in miglior posa un piede, ecco un rumore! Muove un braccio strisciandolo impercettibilmente sul bracciolo della poltroncina: è un rumore; il suo respiro non è ancor silenzioso del tutto, tranquillo, inavvertito assolutamente come il mio.

Durante tali manovre e i miei brevi e concitati discorsi interrotti da immobilità e silenzio, i fanciulli restano incantati ad ascoltare e a guardare. Moltissimi s'interessano [al] fatto che non avevano mai osservato [questo fenomeno], cioè che si [producono] tanti rumori [che] non si [avvertono] e che ci sono *più gradi di silenzio*. C'è un silenzio assoluto là dove nulla, assolutamente nulla si muove. Essi mi guardano stupiti quando io mi metto in mezzo alla sala diritta, ed è veramente come se *non ci fossi*. Allora tutti fanno a gara per imitarmi e cercano di fare altrettanto. Io avverto che qua e là un piede si muove quasi inavvertitamente. L'attenzione dei fanciulli è richiamata su ogni parte del corpo, in un'ansiosa volontà di raggiungere l'immobilità. Mentre essi si esercitano [...], ecco veramente farsi un silenzio diverso da ciò che superficialmente si chiama silenzio: sembra che gradatamente sparisca la vita, che la sala si faccia di mano in mano vuota, come se non ci fosse più nessuno. Allora incomincia a sentirsi il tic-tac dell'orologio a muro; e quel *tic-tac* sembra *crescere d'intensità* [via via] che il silenzio si fa assoluto. Di fuori, dal cortile che sembrava silenzioso, ecco venire rumori vari: un uccellino che pigola, un bambino che passa. I fanciulli restano affascinati da quel silenzio come da una loro reale conquista. «Ecco» dice la direttrice, «ora non c'è più nessuno: i bambini sono andati via.»

Raggiunto questo grado, si chiudono le finestre [per fare buio] e si dice ai bambini: chiudete gli occhi, appoggiate lentamente la testa sulle mani e mettete le mani [aperte] a chiudere gli occhi. Essi si pongono così e torna nel buio l'assoluto silenzio. «Adesso ascoltate una voce leggera che vi chiama per nome.»

Allora, in una stanza vicina collocata dietro ai bambini, attraverso la porta spalancata, chiamo a voce afona, strisciando le sillabe lungamente, come si chiamerebbe con [un] chiaro grido [tra le] le montagne, e questa voce quasi occulta sembra che giunga al cuore e chiami la loro anima. Ogni chiamato si scuote, leva la testa, apre gli occhi come trasognato e insieme felice, si alza silenziosamente cercando di non muovere la sedia e cammina in punta di piedi così impercettibilmente che quasi non si sente; tuttavia il suo passo risuona nel silenzio assoluto che non s'interrompe mai e nell'immobilità che persiste. [Egli] giunge alla porta con il volto gioioso, fa qualche salto nella stanza vicina, soffoca piccoli scoppi di risa; [oppure] si attacca alle mie vesti appoggiando il volto al mio corpo; o si pone a guardare i compagni che giacciono ancora nell'aspettativa silenziosa. Il chiamato sente quasi [di aver ricevuto] un privilegio, un dono, un premio. Eppure sa che tutti saranno chiamati cominciando "dal più assolutamente silenzioso che resta nella sala". Così ciascuno cerca di meritar[si] nell'attesa perfetta la chiamata sicura. Io vidi una volta una piccina di tre anni cercar di soffocare uno starnuto e riuscirvi! Ella tratteneva il respiro nel suo piccolo petto scosso e resisteva fin a riuscire vittoriosa. Sforzo invero sorprendente!

Tale gioco affascina i piccoli: i loro volti intenti, la loro immobilità paziente rivelano la ricerca di un grande piacere. In principio, quando l'anima del fanciullo mi era sconosciuta, avevo pensato di far veder loro piccoli dolci e piccoli giocattoli promettendo di darli al *chiamato* [poiché supponevo] che i regali dovessero essere l'attrattiva necessaria a ottenere simili sforzi dall'infanzia. Ma ben presto dovetti accorgermi che ciò era inutile.

I bambini giungevano – dopo aver superato gli sforzi, le emozioni e i godimenti del *silenzio*– come navi in porto. Erano felici di tutto ciò: di aver sentito qualche cosa di nuovo e di aver riportato una vittoria. Questo era il loro compenso. Essi dimenticavano la promessa del dolce e non si curavano di prendere l'oggetto che supponevo li attraesse. Così abbandonai quel mezzo inutile e vidi con stupore che il gioco ripetuto si perfezionava sempre più, fino a trattenere bambini di tre anni immobili nel silenzio

[per] tutto il tempo necessario a chiamare e far uscire ben quaranta altri bambini! Allora mi accorsi che l'anima del fanciullo ha pur essa i suoi premi e i suoi godimenti spirituali. Dopo tali esercizi sembrava ch'essi mi amassero di più: certo erano divenuti più ubbidienti, più dolcemente miti. Infatti ci eravamo isolati dal mondo e avevamo passato qualche minuto insieme uniti tra noi; io a desiderarli e a chiamarli, ed essi a ricevere, nel silenzio più profondo, la voce che si rivolgeva personalmente a ciascuno di loro, giudicandolo in quel momento il migliore di tutti!

La lezione sul silenzio

Ecco una lezione che riuscì molto efficace per insegnare la perfezione del silenzio. Un giorno, recandomi in una Casa dei Bambini, incontrai nel cortile una madre che teneva tra le braccia la sua bambina di quattro mesi d'età fasciata come ancora si usa nel popolo di Roma, dove i piccoli lattanti, così avvolti e stretti nelle fasce che modellano il corpicino senz'altra copertura o grembiale, si chiamano *pupi*. La piccina, tranquilla e paffuta, sembrava l'incarnazione della pace.

Io la presi in braccio ed essa rimase immobile e buona. Mi avanzai con la piccina in braccio: i bambini della Casa si erano precipitati fuori per incontrarmi, come solitamente fanno, abbracciandomi a gara le ginocchia talvolta in modo così violento da gettarmi quasi a terra. Io sorrisi loro, mostrando la *pupa*; essi intesero e mi saltellarono intorno, guardandomi con occhi brillanti di piacere, ma senza toccarmi, per rispetto alla piccina che avevo in braccio. Così entrai nella sala e i bambini mi camminavano tutti intorno. Ci mettemmo a sedere, io di rimpetto a loro, sopra una sedia grande, non sulle loro piccole seggioline, come è mia consuetudine. Cioè mi sedetti solennemente. Essi guardavano la mia piccina con un misto di tenerezza e di gioia: non avevamo ancora pronunciato una parola. Io dissi: «Vi ho portata una maestrina». Sguardi sorpresi, meravigliati, risa. «Una maestrina, sì, perché nessuno sa stare fermo come lei.» Tutti i piccini si aggiustano fermi al loro posto. «Le gambe però nessuno le tiene ferme come lei.» Tutti aggiustano con cura le gambe perché siano composte. Io li guardo sorridendo: «Sì, ma non saranno mai ferme come le sue: voi un poco le muoverete, [...] lei no. Nessuno può essere come lei». I bambini sono seri; sembra che sia penetrata in loro la convinzione della superiorità della maestrina: qualcuno sorride e sembra dire con gli occhi che le fasce hanno tutto il merito. «Nessuno poi sta zitto come lei.» Silenzio generale. «Non è possibile star proprio silenziosi come lei, perché... sentite il suo respiro... come è delicato... avvicinatevi in punta di piedi.» Alcuni si alzano e si avanzano adagio adagio in punta di piedi, sporgendo la testa e volgendo l'orecchio verso la piccina. Gran silenzio. «Nessuno potrà respirare silenziosamente come lei.» I bambini guardano stupiti: non avevano mai pensato che, anche fermi, si [producono] dei rumori e che il silenzio dei piccoli è più profondo del silenzio dei grandi. Cercano quasi di trattenere il respiro. Io mi alzo. «Vado via piano, piano» (cammino in punta di piedi senza fare alcun rumore). «Eppure da me qualche cosa si sente. Per quanto faccia piano, si sente. [Invece] lei cammina con me e non fa alcun rumore: [...] va via ed è silenziosa.» I bambini sorridono commossi: capiscono la verità e lo scherzo delle mie parole. Io restituisco la *pupa* alla madre attraverso una finestra.

Dietro alla piccina sembra rimanere un fascino che avvolge le anime: nulla è più dolce in natura che il silenzio di un respiro di neonato. La vita umana rinnovata che riposa nel silenzio, quale maestà! Al paragone impallidisce l'espressione di Wordsworth sulla silente pace della natura: «Che calma, che quiete! Unico suono, il gocciolar del remo sospeso».

E anche i fanciulli sentono la poesia del silenzio di una pacifica vita umana nascente!

L'educazione dei sensi

L'accennata metodica per l'educazione dei sensi in bambini da tre a sette anni d'età non rappresenta certo la perfezione raggiunta; ma apre, io credo, una nuova via d'indagine psicologica che potrebbe essere largamente ricca di risultati.

Finora la psicologia sperimentale [conduceva] a perfezionare gli strumenti di misura, cioè la graduazione degli stimoli, ma non esisteva un tentativo atto a preparare metodicamente gli individui alle sensazioni.

Invece la psicometria, io credo, dovrà il suo sviluppo più alla preparazione dell'individuo che a quella dello strumento.

Ma trascurando qui tale interesse puramente scientifico, l'educazione dei sensi ha un altissimo interesse pedagogico.

Noi infatti ci proponiamo due scopi nell'educazione generale: uno biologico e uno sociale; quello biologico consiste nell'aiutare il naturale sviluppo dell'individuo, quello sociale nel preparare l'individuo all'ambiente (e in questo rientra pure l'educazione professionale che insegna all'individuo a utilizzare l'ambiente). L'educazione dei sensi è importantissima da entrambi i lati: lo sviluppo dei sensi infatti precede quello delle attività superiori intellettuali e, nel bambino da tre a sette anni, esso è nel periodo della formazione.

Noi dunque possiamo aiutare lo sviluppo dei sensi appunto quando essi sono in tale periodo, graduando e adattando gli stimoli, così come [dobbiamo] aiutare la formazione del linguaggio prima che esso sia completamente sviluppato.

Tutta l'educazione della prima infanzia deve essere informata a questo principio: aiutare il naturale sviluppo psicofisico del bambino.

L'altra parte dell'educazione, cioè quella di adattare l'individuo all'ambiente, avrà la prevalenza in seguito, quando il periodo dello sviluppo intenso [sarà] superato.

Le due parti sono sempre intrecciate, ma hanno una prevalenza secondo le età.

Ora il periodo della vita che va da tre a sette anni include un'epoca di rapida crescita fisica e di formazione delle attività psichiche sensoriali. Il bambino in questa età sviluppa i sensi: la sua attenzione è quindi rivolta all'ambiente sotto forma di curiosità passiva.

Gli stimoli e non ancora le ragioni delle cose attraggono la sua attenzione; è perciò l'epoca di dirigere metodicamente gli stimoli sensoriali affinché le sensazioni si svolgano razionalmente e preparino così la base ordinata a costruire una mentalità positiva nel fanciullo.

Inoltre con l'educazione dei sensi è possibile scoprire e

correggere eventuali difetti che passano oggi ancora inosservati nelle scuole, almeno fino al periodo in cui il difetto si manifesta con una evidente e oramai irreparabile inadattabilità all'ambiente (sordità, miopia).

È dunque questa l'educazione fisiologica che prepara direttamente l'educazione psichica, perfezionando gli organi dei sensi e le vie nervose di proiezione e di associazione.

Ma anche l'altra parte dell'educazione, riguardante l'adattamento dell'individuo all'ambiente, è indirettamente toccata. [Infatti] noi prepariamo così l'infanzia dell'umanità dei nostri tempi. Gli uomini della presente civiltà sono eminentemente osservatori dell'ambiente, perché debbono utilizzare al massimo grado tutte le sue ricchezze.

Anche l'arte si fonda oggi, come al tempo dei greci, sull'osservazione del vero. La scienza positiva progredisce appunto [basandosi] sull'osservazione, e tutte le scoperte e le loro applicazioni che dall'ultimo secolo tanto valsero a trasformare l'ambiente civile furono conseguite lungo il medesimo cammino. Dobbiamo perciò preparare le nuove generazioni a questa attitudine che si rende necessaria come forma di vita civile moderna e come mezzo indispensabile a continuare efficacemente l'opera del nostro progresso.

Noi vediamo dalle osservazioni nascere le scoperte dei raggi Röntgen, delle onde herziane, delle vibrazioni del radium, e aspettiamo applicazioni grandiose simili a quella del telegrafo Marconi.

Intanto in nessuna epoca come nella nostra, il pensiero, partendo dalle indagini positive, fu così promettente di luce nelle speculazioni filosofiche e nelle vie spirituali. Le teorie sulla materia, esse stesse, dopo la scoperta del radium, hanno condotto a concezioni metafisiche.

Si potrebbe dire che preparando l'osservazione abbiamo pure preparato vie conducenti alle scoperte spirituali.

L'educazione dei sensi, formando uomini osservatori, non compie solo un ufficio generico di adattamento all'epoca presente della civiltà; ma ancora prepara direttamente alla vita pratica.

Ci siamo fatti fin qui, io credo, un'idea molto imperfetta di quanto occorra alla pratica della vita. Siamo sempre partiti dalle idee per discendere alle vie motrici. Così per esempio l'educazione è stata sempre quella d'insegnare intellettualmente e poi di far eseguire.

Noi in genere, insegnando, parliamo dell'oggetto che c'interessa, e tentiamo d'indurre lo scolaro, quando ha capito, a eseguire un lavoro in rapporto con l'oggetto stesso. Ma spesso lo scolaro che ha capito l'idea trova enormi difficoltà nell'esecuzione del lavoro che [gli] si richiede perché [alla sua] educazione manca un fattore di primaria importanza: il perfezionamento delle sensazioni.

Valga a illustrare il principio qualche esempio. Noi diciamo a una cuoca di comperare del pesce fresco: essa intende l'idea e si accinge ad eseguirla [concretamente]. Ma se la cuoca non ha la vista e l'odorato esercitati a riconoscere i segni di freschezza nel pesce, non saprà eseguire l'ordine [ricevuto].

Tale manchevolezza si renderà tanto più manifesta nell'operazione culinaria. La cuoca potrà essere una letterata e conoscere a meraviglia le dosi e i tempi descritti in un libro di cucina; saprà eseguire le manipolazioni necessarie a dare la dovuta forma ai piatti eccetera; ma allorquando si tratterà di apprezzare con l'odorato il momento giusto della cottura, o con l'occhio e con il tatto il momento di dover intervenire con un dato condimento, qui l'azione farà difetto se la cuoca non ha i sensi sufficientemente preparati.

Essa dovrà conquistare tale abilità con una lunga pratica – e tale pratica non è poi altro che un'educazione tardiva dei sensi, la quale spesso non è più efficace nell'adulto; perciò è tanto difficile trovare bravi cuochi.

Lo stesso dicasi per quanto concerne il lavoro manuale e, in generale, l'addestramento a tutte le arti e ai mestieri. Ognuno deve imparare per mezzo di ripetuti esercizi, e "imparare" implica una educazione dei sensi da intraprendere in età avanzata. Ad esempio, coloro che filano devono acquisire la capacità d'uso del senso tattile delle loro dita per distinguere i fili; coloro che tessono o ricamano debbono acquisire una notevole capacità visiva per distinguere le particolarità del loro lavoro, specialmente per discernere i colori.

Infine, imparare un mestiere, specialmente se artistico o raffinato, significa intraprendere uno sviluppo dei sensi e dei movimenti della mano, e [il] movimento della mano è aiutato da un susseguente raffinamento del senso tattile.

Se questa educazione è intrapresa in un'età in cui, per natura, è finito il periodo formativo, essa sarà difficile e imperfetta. Il segreto di preparare ad un mestiere consiste nell'utilizzare questo periodo della vita fra i tre e i sei anni d'età, in cui esiste una tendenza naturale a perfezionare i sensi e il movimento.

Qualche cosa di analogo avviene per i medici. Lo studente di medicina studia teoricamente la sintomatologia del polso e si mette al letto del paziente con tutta la buona volontà di riconoscerla, ma, se le sue dita non sanno cogliere il fenomeno, invano avrà studiato e voluto. Per diventare medico gli manca la capacità discriminativa degli stimoli sensoriali.

Lo stesso si dica per i toni del cuore, che lo studente studia nella teoria, ma che l'orecchio non sa poi distinguere nella pratica; così si dica dei fremiti e delle vibrazioni innanzi ai quali la mano resta inetta. Il termometro è tanto più indispensabile al medico quanto più il suo sistema cutaneo è inadatto a raccogliere gli stimoli termici.

Si sa bene che un medico può essere dotto e intelligentissimo senza essere un buon pratico, e che, per formare un buon pratico, occorre il lungo esercizio. In realtà questo lungo esercizio non è altro che un tardivo e spesso inefficace esercizio dei sensi. Dopo avere assimilate le brillanti teorie, il medico si vede costretto all'ingrato lavoro della semeiotica, cioè all'esercizio della raccolta dei sintomi, per trarre da quelle teorie un pratico frutto. Ecco dunque il principiante che procede metodicamente alla palpazione, alla percussione, all'auscultazione per riconoscere i fremiti, le risonanze, i toni, i soffi, i rumori, che – essi soli – potranno metterlo in grado di formulare la diagnosi. Donde il profondo e doloroso scoraggiamento, la disillusione dei giovani medici e, soprattutto, la perdita di tempo, che è perdita di lunghi anni, e ancora l'immoralità di esercitare spesso una professione di così grande responsabilità nell'incertezza della raccolta dei sintomi! Tutta l'arte medica è fondata su un esercizio dei sensi: le scuole invece preparano i medici con lo studio dei classici! Ebbene [il grandioso] sviluppo intellettuale del medico [si rivela] impotente innanzi all'insufficienza dei suoi sensi.

Un giorno intesi un chirurgo dare alle madri del popolo lezioni sul riconoscimento delle prime deformazioni del rachitismo nei bambini allo scopo di indurle a portare i figli rachitici dal medico all'inizio della malattia, quando cioè l'intervento terapeutico può ancora essere efficace. Le madri avevano capito l'idea: ma non sapevano riconoscere le deformazioni iniziali, perché mancava loro l'esercizio sensoriale alla fine discriminazione delle forme appena deviate dalla normalità. [Dunque] quelle lezioni riuscirono inutili.

Se ben pensiamo, quasi tutte le sofisticazioni delle sostanze alimentari si rendono possibili per il torpore dei sensi esistente nelle moltitudini. La frode [nell']industria si alimenta della mancanza di educazione sensoriale nelle masse; così come la frode del truffatore si basa sull'ingenuità della sua vittima. Noi vediamo i compratori rivolgersi spesso alla lealtà dell'offerente o riposare sulla fiducia della ditta per decidersi agli acquisti: e ciò perché manca loro la capacità materiale di giudicare direttamente, ossia di distinguere con i sensi i caratteri differenziali delle sostanze.

Infine noi diciamo in molti casi che si rende inutile l'intelligenza per la mancanza di pratica – e questa pratica è quasi sempre l'educazione sensoriale. Ognuno ha, nella vita pratica, la necessità fondamentale di raccogliere con esattezza gli stimoli dall'ambiente.

Ma assai spesso nell'adulto l'educazione sensoriale è [così] difficile come lo è l'educazione della mano nell'adulto che voglia farsi pianista. È necessario iniziare l'educazione dei sensi nel periodo formativo, se vorremo in seguito con l'educazione perfezionarli. Perciò l'educazione dei sensi dovrebbe iniziarsi con metodo nell'età infantile, e continuare poi durante il periodo dell'istruzione, che dovrà preparare l'individuo alla vita pratica nell'ambiente.

Anche l'educazione estetica e [quella] morale sono collegate strettamente a quella sensoriale. Moltiplicando le sensazioni e sviluppando la capacità di apprezzare le minime quantità differenziali tra gli stimoli, si affina la sensibilità e si moltiplicano i godimenti. La bellezza è nell'armonia, non nei contrasti – e l'armonia è affinità, [ragion per cui] occorre finezza sensoriale a percepirla. Le armonie estetiche della natura e dell'arte sfuggono a chi ha sensi rozzi. Il mondo [diventa] allora ristretto e aspro. Nell'ambiente esistono inesauribili fonti di godimenti estetici innanzi alle quali gli uomini passano come insensati o come bruti, cercando il godimento nelle sensazioni forti e aspre, poiché sono le sole a loro accessibili.

Ora nei godimenti grossolani molto spesso nasce l'abitudine viziosa: i forti stimoli infatti non acutizzano, ma attutiscono il senso, che ha così bisogno di stimoli sempre più accentuati.

L'arte dell'educazione

Se vogliamo paragonare il bambino a un orologio o a un meccanismo complesso qualsiasi, possiamo dire che l'antico metodo può paragonarsi all'atto [di premere] con l'unghia i dentelli delle ruote ferme per farle girare, e il *giro* corrisponde a puntino alla forza motrice applicata dall'unghia (la cultura, che resta limitata all'opera del maestro sul fanciullo); il nuovo metodo invece è simile alla *carica*, che pone in movimento spontaneo tutto il meccanismo – movimento che è in rapporto diretto con la macchina e non con l'opera di chi ha imposto la carica (lo *sviluppo psichico spontaneo* del bambino continua indefinitamente e sta in rapporto diretto con la potenzialità psichica del fanciullo stesso e non con l'opera del maestro).

Il movimento, ossia *l'attività psichica spontanea*, parte nel nostro caso dall'educazione dei sensi, ed è mantenuta dall'intelligenza osservatrice. Così per esempio il cane da caccia riceve la sua abilità non dall'educazione del padrone, ma dall'*acutezza speciale* dei suoi sensi; però con *l'esercizio della caccia*, il padrone, raffinandogli sempre più le percezioni sensoriali, dà al cane il piacere e poi la passione della caccia. Lo stesso si dica del suonatore di pianoforte il quale, raffinando insieme il senso musicale e l'agilità motrice della mano, ama sempre più trarre dallo strumento nuove armonie, mentre l'esercizio sempre più affina il senso e l'agilità: [quindi] egli è lanciato su una via di perfezionamento che avrà per limiti quelli soli della personalità psichica del soggetto. Invece un fisico potrà conoscere tutte le leggi dell'armonia – e ciò fa parte della sua cultura scientifica –, [ma] potrà non saper eseguire la più semplice composizione musicale, e la sua cultura, comunque vasta, avrà i limiti definiti del ramo della sua scienza, [ossia quello] che riguarda l'acustica.

Il nostro scopo educativo della prima infanzia deve essere quello di *aiutare lo sviluppo spontaneo della personalità psico-fisica*, non di dare una cultura. Perciò, dopo aver offerto al bambino il materiale didattico adatto a provocare lo sviluppo dei sensi, dobbiamo attendere che si svolga l'attività osservatrice.

Qui risiede appunto l'*arte educativa*: nel saper misurare l'azione di aiuto allo sviluppo della personalità infantile. Intanto si rivelano subito nei fanciulli *profonde differenze individuali*, verso le quali occorrerà un'azione diversa da parte dell'educatore: cioè dal quasi non intervento a un vero e proprio insegnamento. Occorre però che l'insegnamento sia rigorosamente guidato dal concetto di limitare al massimo punto possibile l'intervento attivo dell'educatore.

Il viaggiatore della vita

Bisogna riflettere che molte volte il bambino, lasciato a se stesso, fa *uno sforzo* per comprendere il linguaggio degli adulti e le cose che lo circondano, mentre l'insegnamento venuto a tempo opportuno e con metodo razionale *previene* tale sforzo, quindi *non affatica* ma *fa riposare* il [fanciullo] e soddisfa un suo desiderio: egli infatti mostra la sua contentezza con varie espressioni di gioia. Analogamente la sua attenzione spontanea richiamata su parole che male intende pronunciare provoca in lui un linguaggio imperfetto che è effetto di uno *sforzo* d'imitazione, mentre la maestra che pronuncia chiaramente la parola riferentesi all'oggetto che desta la curiosità del bambino impedisce tale sforzo e tale imperfezione, la quale dovrebbe in seguito essere con ulteriori sforzi corretta. Anche qui esiste un pregiudizio: che il bambino lasciato a se stesso riposi completamente con la mente: se così fosse, egli rimarrebbe *estraneo* al mondo; invece lo vediamo a poco a poco conquistare spontaneamente nozioni e linguaggio. Egli è come un viaggiatore della vita, il quale osservi intorno le *cose nuove* che gli si presentano e cerchi d'intendere lo sconosciuto linguaggio di chi lo circonda: e fa *grandi sforzi spontanei* per capire e per imitare. Gli insegnamenti che si danno ai piccini debbono appunto attenuar loro tali sforzi, convertendoli nel godimento della conquista facilitata e ampliata: noi siamo i ciceroni di questi viaggiatori che fanno il loro ingresso nella vita umana del pensiero e, come essi, dobbiamo avere un atteggiamento di dipendenza. Ciceroni intelligenti e colti che non si perdono in vuoti, inesatti, discorsi, ma illustrano brevemente l'opera d'arte alla quale il viaggiatore s'interessa e lascia rispettosamente che egli osservi finché vuole; e lo conducono a osservare le cose principali e le più belle, affinché non perda forze e tempo in cose inutili, e trovi godimento e soddisfazione durante tutto il suo pellegrinaggio.

Opere della natura e opere dell'uomo

Una volta condussi con me a passeggio al Pincio un ragazzo delle scuole elementari che studiava disegno geometrico e conosceva l'analisi delle figure geometriche piane; affacciati all'alta terrazza da dove si scopre la piazza del Popolo e la distesa della città, gli dissi: «Guarda, tutte le opere dell'uomo sono un gran mucchio di figure geometriche». Infatti rettangoli, ellissi, triangoli, semicerchi perforavano e ornavano in cento diverse maniere le facciate grigie rettangolari degli edifici. Tale uniformità in tanta distesa sembrava provare la *limitazione* dell'umana intelligenza. Invece, in una vicina aiuola, le erbe e i fiori spiegavano superbamente l'infinita varietà delle forme della natura.

Il fanciullo non aveva mai fatto queste osservazioni: aveva studiato gli angoli, i lati e le costruzioni delle figure geometriche delineate, senza pensare ad altro, e solo sentendo la noia dell'obbligo per un arido lavoro. Nel primo momento rise all'idea dell'uomo che ammucchia figure geometriche, poi s'interessò e guardò a lungo; gli vidi nel viso un'espressione viva di pensiero.

C'era a destra del Ponte Margherita una fabbrica in costruzione, e [anche] le armature delineavano dei rettangoli. «Quanto faticano!» dissi alludendo agli operai. Poi andammo vicino all'aiuola e rimanemmo un po' in silenzio a contemplare le erbe che nascono spontaneamente: «È bello!» disse il ragazzo – ma quel "bello", si riferiva al movimento interiore dell'anima sua.

Pensai allora che, nell'osservazione delle forme geometriche [...] e in quella delle piante coltivate dai bambini e viste crescere sotto i loro occhi, esistevano preziose fonti anche di educazione spirituale.

Perciò ho voluto diffondermi in un'opera d'istruzione piuttosto larga, [in modo da] condurre con una serie di lavori e di esercizi il bambino non solo a osservare le forme nell'ambiente, ma anche a distinguere l'opera dell'uomo da quella della natura; e ad apprezzare i frutti dell'umano lavoro.

Salvaguardare la spontaneità

Una [...] preoccupazione della maestra comune è quella di dover dilatare le conoscenze del bambino con continue applicazioni all'ambiente o con le "generalizzazioni". Il "fargli veder tutto", [il] "riflettere su tutto", è un ansioso lavoro e, purtroppo, è uno spegnitoio delle energie infantili, un crudele strappo di tutte le cose che formerebbero in lui "un interesse". È la parte spirituale di quel fatale intervento dell'adulto che vuole sostituirsi al bambino e agire per lui, e così facendo pone il più duro ostacolo al suo sviluppo. Le bellezze che, scoperte spontaneamente dal bambino nel mondo esterno che lo circonda, gli porterebbero di volta in volta gioia e soddisfazione, diventano, per opera della istruzione di un adulto in così fiorito e vivace cammino, il tedio della inerzia mentale.

Non si preoccupi dunque la nostra maestra delle "applicazioni" per il timore che il fanciullo, come tanti vogliono insinuare, si arresti miseramente al materiale, che noi abbiamo limitato, sostituendolo alla grandezza di varietà delle cose offerte dalla natura o dal più vasto ambiente che circonda il bambino a scuola e a casa.

Perché, se il fanciullino esercitandosi con il materiale sensoriale ha "accresciuto" la sua capacità di distinguere tra loro le cose e ha aperto le vie dell'anima a una sempre crescente attività di lavoro, egli è certo diventato un osservatore più perfetto e intelligente di prima, e chi fu veramente interessato al meno lo sarà potentemente al di più.

I periodi sensitivi

Molte volte ci stupirà il fatto che i bambini non soltanto osservano spontaneamente l'ambiente, accorgendosi di cose che prima non vi distinguevano, ma sembrano osservarle comparandole con quanto ricordano o [dando] vari giudizi che hanno del meraviglioso, perché ci rivelano che alcuni [...] creano in se stessi una specie di "pietra di paragone" che noi non possediamo. Essi cioè *confrontano le cose esterne* con le immagini che si sono fissate nella loro mente ed esprimono dei giudizi sorprendenti per la loro esattezza.

Una volta, in una classe di Barcellona, un operaio entrava portando in mano un vetro che doveva rimettere in una finestra della classe. Un bambino di cinque anni dice ad alta voce: «Il vetro non va, è troppo piccolo». L'operaio, invece, solo applicando il vetro si accorse che era troppo corto di circa un centimetro.

Due bambini tra i cinque e i sei anni facevano in una Casa dei Bambini a Berlino la seguente discussione: «Credi tu che il soffitto sia all'altezza di tre metri?», «No, è circa tre metri e venticinque centimetri». Misurata la distanza, essa [risultò] infatti alquanto superiore ai tre metri.

Una bambina di cinque anni, vedendo entrare una signora le dice: «Il colore del suo vestito è [uguale] preciso a quello del fiore che sta di là». La signora va nella stanza vicina dove trova un fiore che non era visibile dalla stanza in cui era entrata; e, confrontando il fiore con il suo vestito, trova tra i due colori una identità sorprendente. Evidentemente la signora aveva come suo massimo potere quello di riconoscere l'identità del colore unendo i due oggetti insieme, ma la bambina aveva qualche cosa di più: aveva un'unità di misura interiore, alla quale poteva ricorrere per il fiore [e per] il vestito, così come noi abbiamo fissato una unità di misura che ci permette di giudicare i rapporti tra le cose misurabili o una pietra di paragone fissa a cui le altre pietre si possono [confrontare].

Questa *pietra di paragone* che permette manifestazioni tanto mirabili nei bambini, per le quali essi vengono ad essere [su] un piano diverso dal nostro e a noi spesso inaccessibile, è degna di venire considerata come un fatto finora sconosciuto.

Sembra che in alcune età ci siano possibilità di [acquisizioni psichiche] che non sono più possibili in altre età. Un fatto chiaro e abbastanza accessibile a tutti è la capacità più volte citata che hanno i piccoli bambini di ricordare e di riprodurre i suoni della lingua e di apprenderne le parole.

L'età in cui si stampa il linguaggio in modo indelebile è il "periodo" in cui la natura ha posto una "sensibilità straordinaria" destinata a fissare gli accenti e le parole. Nella vita non si può retrocedere e [ciò] che la mente acquistò durante il suo "periodo sensitivo" è il permanente acquisto di tutta la vita, che non si [potrà] però mai più acquisire in un'altra epoca. Così nell'acquisto primitivo delle immagini sensoriali e nel fissarsi dei movimenti vi sono periodi nell'infanzia che, una volta sorpassati senza frutto, non possono venir sostituiti nei loro effetti.

Una volta che la nostra attenzione sia richiamata su questo fatto, vedremo le piccole variazioni che sempre più lo dimostrano. Il bambino di tre anni è capace di ripetere quaranta volte di seguito un esercizio (per esempio gli incastri solidi) che il bambino di sei anni non può ripetere più di cinque o sei volte di seguito. Però il bambino di sei anni può fare cose superiori a quelle del bambino di tre; il piccolino [non solo] sarebbe incapace di farle, ma sarebbe [anche] del tutto estraneo [ad esse].

Questo fatto interessante si ripete anche nell'ordine morale. Il periodo vivacemente formativo della prima infanzia è pure quello ove può stabilirsi una forma di obbedienza perfetta il cui elemento esteriore fu apprezzato come una tendenza all'"imitazione". Quando però si approfondisca quel fenomeno e quando le circostanze dell'ambiente siano favorevoli allo sviluppo del bambino e perciò alle sue espressioni più profonde, si vede come ci sia nel fanciulletto la tendenza a un meraviglioso adattamento agli altri esseri umani che lo circondano, fatto in cui dobbiamo cercare lo stabilirsi di una base di "amore", di "adesione" tutta umana. Più tardi, a meno di una altissima perfezione morale eccezionale dovuta a forze soprannaturali, non si troverà più quella forma di obbedienza, ma solo una "ragionevole adesione" o una forzata "sottomissione".

Lo stesso fenomeno si nota con straordinaria evidenza nello sviluppo del sentimento religioso. Il piccolo bambino ha una tendenza che non si può indicare meglio che chiamandola il "periodo sensitivo" dell'anima, nel quale ha intuizione e slanci religiosi che sono sorprendenti per chi non abbia osservato il bambino al quale fu reso possibile esprimere i bisogni della vita interiore. Sembra allora che i fanciulletti siano eccezionalmente dotati di intuizione soprannaturale, miracolosamente chiamati dalla grazia divina, benché razionalmente non sia possibile dar loro quella "educazione religiosa" che più tardi, nell'età cosiddetta della ragione, il fanciullo può assorbire e l'uomo ingigantire con l'intelligenza illuminata dalla fede.

Tuttavia il "periodo sensitivo" è una base di acquisizioni meravigliose che l'uomo non potrà più [ottenere] in età diversa.

Il richiamo al silenzio

Una delle differenze tra il nostro metodo e quelli comunemente usati nelle scuole per educare i bambini normali si riferisce al cammino dell'educazione.

Forse il "silenzio" può servire a illustrare il concetto.

Nelle scuole comuni [esiste] uno stato di "ordine" medio che si intuisce benché non si sia mai definito. È quello stato in cui il contegno della scolaresca rende possibile la lezione del maestro.

Siccome però la scolaresca subisce una costrizione, essa tende a uscire da quello stato medio di ordine per [finire in uno stato di] disordine in cui movimenti di vario genere, scoordinati e senza scopo, producono un rumore e un'agitazione che rende difficile o impossibile la lezione, cioè perturba l'ordine medio. Occorre in tal caso l'energico richiamo al "silenzio", indicando appunto con questa parola l'ordine medio.

Siccome l'"ordine medio" è una [condizione] non solo già raggiunta, ma normale e "consueta", un semplice richiamo basta a ottenerlo.

Nel nostro metodo, invece, l'"ordine medio" (che però ha altra forma, perché risulta dai lavori individuali degli scolari) è un punto di partenza per *salire a un grado superiore alla media*, un grado non raggiunto e sconosciuto. Il silenzio è dunque una *conquista* positiva che si deve raggiungere con la conoscenza e con l'esercizio.

Perciò la coscienza è portata a considerare i movimenti minimi e a controllare gli atti in ogni particolare per ottenere la assoluta immobilità che porta al silenzio – cosa impressionante, nuova, [...] mai prima apprezzata. Nelle scuole comuni, l'appello al "silenzio" ha lo scopo di ristabilire la vita normale nella sua normale condizione. Il silenzio dell'immobilità sospende invece la vita normale, sospende il lavoro utile, non ha alcuno "scopo pratico". Tutta la sua importanza, il suo fascino vengono dal fatto che, sospendendo la vita comune, innalza l'individuo a un livello superiore in cui non è l'utilità, ma la conquista in sé che lo chiama.

Quando bambini piccoli di tre o quattro anni chiedono "di fare il silenzio" o, invitati, vi corrispondono immediatamente con un interesse profondo, abbiamo la prova evidente che i bambini tendono ad elevarsi e *gustano* piaceri superiori. Molte persone hanno assistito a qualcuna di queste scene sorprendenti: maestre che, volendo scrivere alla lavagna la parola silenzio per ottenerlo, prima ancora di aver compiuto la parola, [sentivano] giungere un silenzio profondissimo, disceso a invadere il luogo dove quaranta o cinquanta piccolini erano l'istante prima intenti alle loro occupazioni.

La vita motrice era sospesa, per contagio, fulmineamente. Qualche bambino aveva "letto" le prime lettere e compreso che veniva il comando del silenzio; sospendendo i movimenti, [egli dava inizio al] "silenzio" che subito [tutti intuivano] associandovisi. E così il silenzio chiamava il silenzio senza che una sola voce lo avesse invocato sensibilmente.

Simile paragone può valere per tutte le altre manifestazioni delle due diverse scuole.

L'importanza dell'osservazione

Osserviamo gli uomini mediocri: essi fanno sfoggio di erudizione e disdegnano le semplici cose. Studiamo il pensiero logico di coloro che stimiamo uomini di genio. Ecco Newton tranquillamente seduto all'aria aperta; cade dall'albero una pera, egli osserva e si chiede: «Perché?». Il fenomeno non è mai piccolo: il frutto che cade e la gravitazione universale possono stare [l'uno accanto all'altra] nella mente di un genio.

Se Newton fosse stato un maestro di bambini, egli avrebbe guidato semplicemente lo sguardo del fanciullo ad ammirare gli astri in una notte stellata; ma un erudito avrebbe forse creduto necessario preparar prima il bambino a intendere il calcolo sublime, che è la chiave dell'astronomia. Galileo Galilei osserva l'oscillazione di una lampada sospesa in alto, e scopre le leggi del pendolo. Nella vita intellettuale la semplicità e la spogliazione di ogni preconcetto conducono a scoprire le cose nuove, [così] come nella vita morale l'umiltà e la povertà materiale guidano alle alte conquiste spirituali.

Se andiamo a studiare la storia delle scoperte, troviamo che esse dipendono da un'osservazione veramente obbiettiva e da pensiero logico. Cose semplici; ma ben rare a trovarsi nell'uomo. Non sembrerebbe forse logico che, dopo la scoperta di Laveran (1845-1922) sui parassiti malarici che invadono le emazie nel sangue – tanto più sapendosi dall'anatomia che il sistema sanguigno è un sistema di vasi chiuso –, si fosse almeno sospettata la possibilità che un insetto pungente potesse inoculare il parassita? Invece continuarono a sembrar verosimili le teorie sui miasmi della terra, sui venti africani, sul paludismo – [tutte] idee vaghe, mentre il parassita era un individuo biologicamente definito.

Quando la scoperta della zanzara malarica venne a completare logicamente la scoperta del Laveran, ciò sembrò "meraviglioso, stupefacente". Ancora, si [sapeva] in biologia che la riproduzione degli esseri monocellulari vegetali [avviene] per scissione con alternanza di sporulazione, [mentre] quella dei monocellulari animali avviene per scissione ma con alternanza di coniugazione; cioè, dopo un certo periodo in cui la cellula primitiva si è divisa e suddivisa in cellule giovani uguali tra loro, [si ha] la formazione di due cellule diverse, una maschile e una femminile, che dovranno fondersi in una sola capace di ricominciare il ciclo della riproduzione per scissione. Sarebbe sembrato logico, essendo ciò noto ai tempi di Laveran, e conoscendo [che] il parassita malarico [era] un protozoo, considerare la sua segmentazione nello stroma dell'emazia come la fase di scissione e attendere che il parassita desse luogo alle forme sessuali che dovevano venire necessariamente nella fase successiva alla scissione. Invece la scissione [fu considerata] una sporulazione e, alla comparsa delle forme sessuali, né il Laveran, né i numerosi scienziati che lo seguirono nelle ricerche seppero dare una spiegazione. Solo il Laveran espose un'idea che fu subito abbracciata, cioè che quei due zigoti fossero forme degenerate del parassita malarico e perciò incapaci di [...] produrre quelle alterazioni determinanti il morbo: infatti alla comparsa delle forme sessuali del parassita, la malaria apparentemente guarisce, essendo impossibile la coniugazione delle due cellule nel sangue umano. Le teorie allora recenti del Morel sulla degenerazione umana, accompagnata da deformazioni e da debolezza, ispirarono il Laveran nella sua interpretazione; e tutti trovarono geniale il pensiero dell'illustre patologo, poiché s'ispirava ai grandiosi concetti delle teorie moreliane.

Chi invece si fosse limitato a ragionare così: il plasmodio della malaria è un protozoo, esso si riproduce per scissione sotto i nostri occhi, finita la scissione si vedono due cellule diverse – una a semiluna, l'altra flagellata –, esse sono dunque la cellula femminile e la maschile che devono con la coniugazione alternare la scissione; avrebbe calcata la via della scoperta. Ma un ragionamento così semplice non venne;

potremmo dunque chiederci: quanto più progredirebbe il mondo se un'educazione speciale preparasse gli uomini alla pura osservazione e al pensiero logico? La maggior quantità del tempo e delle forze intellettuali si perdono nel mondo perché sembra grande il falso e piccolo il vero.

Io dico ciò per difendere la necessità che abbiamo di preparare con metodi razionali le nuove generazioni, dalle quali il mondo civile aspetta il suo progresso. Noi fin qui abbiamo utilizzato l'ambiente: ma credo giunto il momento della necessità di utilizzare le forze umane con un'educazione scientifica.

La scrittura spontanea

È necessario cominciare a scrivere dalle aste? Basta il pensiero logico per rispondere di no. Il bambino compie uno sforzo troppo penoso in tale esercizio, [mentre] l'*asticella* [dovrebbe] proprio costituire la *minore difficoltà* da superare.

Anzi, se bene osserviamo, l'*asta* è l'esercizio più difficile [da compiere]: solo il calligrafo può completare regolarmente una pagina di aste, mentre una persona che scriva mediocremente bene saprebbe eseguire una pagina di scrittura presentabile. Infatti la linea retta è unica, segnando la più breve distanza tra due punti: invece *ogni deviazione* da quella direzione segna una linea non retta: le infinite deviazioni sono perciò più facili di quell'unica, che è [la] perfezione. Si ordini di disegnare sulla lavagna una *retta* senz'altra preoccupazione: ogni persona traccerà una linea lunga in direzione diversa, cominciando ora da un lato ora dall'altro, e pressappoco tutti vi riusciranno. Si ordini poi di disegnare una retta *in quella particolare direzione* e partendo da *un punto determinato*: allora le abilità primitive andranno molto scemando e si vedrà comparire una serie assai più grande di irregolarità, cioè di errori.

Quasi tutte le linee saranno lunghe, perché gli individui *hanno dovuto prendere uno slancio* per riuscire nell'intento. Ordiniamo ora che le linee siano invece corte e con limiti precisi: gli errori cresceranno ancora di più, perché è impedito lo slancio che aiutava a conservare la direzione diretta. Ebbene ora aggiungiamo a ciò che si debba tenere lo strumento di scrittura in un modo determinato, non come l'istinto detta a ciascuno.

Ci avviciniamo così sensibilmente al *primo atto* di scrittura che vogliamo pretendere dai bambini: questo atto richiederà ancora di conservare il parallelismo tra i singoli tratti segnati e costituirà un lavoro difficilissimo e arido, perché senza scopo per i bambini che non ne comprendono il significato.

Avevo notato nei quaderni dei bambini deficienti visti in Francia – e anche il Voisin fa menzione di questo fenomeno – che le pagine dei bastoncelli, benché incomincino come tali, finiscono con delle righe di C: vale a dire che il bambino deficiente, la cui attenzione è meno resistente di quella del bambino normale, esaurisce a poco a poco il primitivo sforzo d'imitazione, e il movimento naturale si sostituisce gradualmente a quello provocato. Così le aste rette si trasformano in curve sempre più somiglianti a dei C. Tale fenomeno non compare sui quaderni dei bambini normali, poiché essi resistono nello *sforzo* sino alla fine della pagina e così, come spesso avviene, nascondono l'errore didattico. Ma osserviamo i disegni spontanei dei bambini normali: quando per esempio essi tracciano sulla sabbia dei viali d'un giardino delle linee con un ramoscello caduto dagli alberi, mai vedremo piccole rette, ma lunghe linee curve, variamente intrecciate. Lo stesso fenomeno vedeva il Séguin quando faceva tracciare le orizzontali, che diventavano subito curve – ed egli attribuiva il fenomeno, all'imitazione [della] linea dell'orizzonte!

Che poi il bastoncello debba servire a preparare la scrittura alfabetica è incredibilmente illogico: l'alfabeto è troppo rotondeggiante perché debba prepararsi con le rette.

Si dice: [...] in molte lettere dell'alfabeto (non in tutte, certo; le regole calligrafiche insegnano come nell'O e nei suoi derivati non debba esservi traccia di retta) entra a far parte il *tratto retto*. Non è questa una ragione per cominciare la scrittura da un [suo] dettaglio.

Siamo noi che analizziamo i segni alfabetici e vi troviamo le rette e le curve; [così come], analizzando il discorso, vi troviamo le regole grammaticali. Ma l'umanità *parla* prescindendo da tali regole; [non potrebbe dunque] scrivere prescindendo da tale analisi e dall'esecuzione separata delle parti costituenti la lettera? Anzi, guai se l'umanità dovesse *parlare* solo *dopo* avere studiato la grammatica! Sarebbe come se, *prima di guardare le stelle del firmamento*, dovessimo studiare il calcolo infinitesimale; sarebbe come se, prima d'insegnare a un idiota a scrivere, dovessimo fargli intendere la generazione astratta delle linee e i problemi di geometria!

Ebbene [...] guai all'umanità che per scrivere [dovesse] prima eseguire analiticamente le parti costituenti i segni alfabetici.

Infine, lo *sforzo* che crediamo necessario ad apprendere

la scrittura è uno sforzo tutto artificioso, collegato non con la scrittura, ma con i metodi d'insegnarla.

Rigettiamo per un momento ogni dogmatismo in proposito. Rinneghiamo la cultura: non c'interessi sapere né come l'umanità incominciò a scrivere, né quale possa essere la genesi della scrittura in se stessa. Rinneghiamo la convinzione, che l'uso invalso ci ha dato, della necessità di incominciare la scrittura con i bastoncelli; e supponiamo di essere nudi, nello spirito, come la verità che vogliamo scoprire.

Osserviamo un individuo che scrive e cerchiamo di analizzare gli atti che compie scrivendo [...], cioè i meccanismi che intervengono nell'esecuzione della scrittura.

Questo [vorrebbe dire] compiere lo studio *psicofisiologico della scrittura*, [ossia] esaminare l'*individuo* che scrive, non la scrittura; il *soggetto*, non l'*oggetto*.

Si era sempre cominciato dall'*oggetto*; esaminando la scrittura, si era costruito un *metodo*.

Un metodo che partisse dallo studio dell'individuo, invece, sarebbe [del tutto] originale, lontano da qualsiasi altro metodo che lo precedette; infine segnerebbe una nuova èra della scrittura, quella che ha [una] *base antropologica*.

Se io avessi pensato di dare un nome a questo nuovo metodo di scrittura, quando intrapresi gli esperimenti sui bambini normali senza ancora conoscerne i risultati, lo avrei chiamato infatti *metodo antropologico*, per l'indirizzo che lo aveva ispirato. Ma l'esperienza mi ha fornito come una sorpresa e un vero dono della natura un altro titolo: "metodo della scrittura *spontanea*".

Contemporaneità di lettura e scrittura

[...] Con questo metodo si è iniziato l'insegnamento della lettura contemporaneamente a quello della scrittura. Quando si presenta al bambino una lettera enunciandone il suono, il bambino ne fissa l'immagine con il senso visivo e con quello tattile-muscolare [perché tocca le lettere di un apposito alfabetario]; e associa essenzialmente il suono al segno relativo, cioè prende conoscenza con il linguaggio grafico. Ma quando vede e *riconosce, legge*; e quando *tocca, scrive*; ossia inizia la sua conoscenza, con due atti che in seguito, svolgendosi, si separeranno a costituire i due diversi processi della lettura e della scrittura.

La contemporaneità dell'insegnamento, o meglio la *fusione* dei due atti iniziali, mette dunque il bambino *innanzi a una nuova forma di linguaggio*, senza che si determini quale degli atti costituenti dovrà prevalere.

Noi non dobbiamo occuparci se il bambino, nello svolgimento del processo, imparerà prima a leggere o a scrivere; e se gli sarà più facile l'una o l'altra via; questo noi lo dobbiamo *attendere dall'esperienza* senza alcun preconcetto, anzi aspettandoci probabili differenze individuali nello svolgimento prevalente dell'uno o dell'altro atto. Ciò permette uno studio di psicologia individuale assai interessante e la continuazione dell'indirizzo pratico del nostro metodo che si fonda sulla libera espansione dell'individualità.

L'età migliore per l'apprendimento della lettura

Si può domandare quale [sia] il tempo medio occorrente per imparare a leggere: l'esperienza ci dice che, partendo dal momento in cui il bambino scrive, il passaggio da tale stadio inferiore del linguaggio grafico a quello superiore della lettura è in media di quindici giorni. La sicurezza della lettura è però quasi sempre posteriore al perfezionamento della scrittura. Nella maggior parte dei casi il bambino scrive benissimo e legge mediocremente.

Non tutti i bambini sono nella stessa età al medesimo punto; e, poiché nessuno di essi è mai, non dico forzato, ma nemmeno invitato o comunque attratto a fare ciò che non vuol fare, avviene che alcuni bambini, non *essendosi presentati spontaneamente* per chiedere di imparare, [vengono] lasciati in pace e non sanno né scrivere né leggere.

Se l'antico metodo, che tiranneggia la volontà del fanciullo e ne soffoca la spontaneità, non crede di *obbligarlo* al linguaggio grafico prima dell'età di sei anni, tanto meno lo crediamo noi!

Tuttavia non saprei decidere, senza una più lunga esperienza, se debba essere in ogni caso l'età del pieno sviluppo del linguaggio articolato quella che conviene scegliere per provocare lo sviluppo del linguaggio grafico. In ogni modo la quasi totalità dei bambini normali, trattata con i nostri metodi, comincia a scrivere a quattro anni d'età e a cinque anni sa leggere e scrivere almeno come i bambini che hanno finito la prima classe elementare: essi cioè potrebbero passare in seconda in un'età che dista ancora di un anno dall'odierna ammissione alla prima.

L'educazione religiosa

Anche il problema dell'educazione religiosa, la cui importanza ancora non sentiamo pienamente, dovrà essere risolto dalla pedagogia positiva. Se le religioni nacquero insieme alle civiltà, esse ebbero probabilmente radice nell'umana natura. Noi abbiamo assistito allo spettacolo edificante di un istintivo amore *alla sapienza* nei fanciulli, che avevamo giudicati [per] un pregiudizio antico dediti ai divertimenti [e] ai giochi vuoti di pensiero. Il fanciullo che disprezza il gioco dinanzi al sapere si è rivelato il vero figlio di quell'umanità che fu attraverso i secoli creatrice della scienza e del progresso civile. Noi avevamo deturpato il figlio dell'uomo relegandolo invece a giocattolo degradante, nell'ozio e nel soffocamento di una disciplina male intesa. Ora il fanciullo dovrà [...], nella sua libertà, rivelarci se l'uomo è veramente in natura la creatura religiosa. Negando a priori il sentimento religioso nell'uomo, e privando l'umanità dell'educazione di questo sentimento, potremmo incorrere in un errore pedagogico, simile a quello che ci faceva a priori negare nel fanciullo l'amore alla conoscenza e al sapere: e che ci spingeva a domarlo nella schiavitù, per renderlo apparentemente disciplinato. Anche affermando che solo l'età adulta è adatta all'educazione religiosa, potremmo incorrere in un profondo errore, quale è quello che ci fa oggi dimenticare l'educazione dei sensi nell'età in cui essi sono educabili, cioè nel bambino; mentre la vita dell'adulto è poi praticamente un'applicazione dei sensi alla raccolta di sensazioni nell'ambiente, dal che risulta il fallimento della vita pratica e uno squilibrio che disperde tante forze individuali. Non per fare un paragone tra l'educazione dei sensi come guida alla vita pratica e l'educazione religiosa come guida alla vita morale, ma, solo per servirmi a scopo illustrativo di un'analogia, noto come spesso nella vita morale si osservano dei fallimenti nei non religiosi e molte forze individuali, che pur riconosciamo preziose, [si disperdono] miseramente. Quanti uomini hanno fatto l'esperienza di ciò! E allorché alcuni hanno la tardiva rivelazione della propria coscienza religiosa nell'età adulta o sotto la squassante esperienza del dolore, la mente è inabile a stabilirsi un equilibrio, perché fu troppo stabilmente formata in un campo privo di spiritualità. Allora vediamo spettacoli egualmente pietosi o di conversioni a un fanatismo di religiosità formale e inferiore o di lotte intime drammatiche tra il sentimento che cerca tra le tempeste l'unico suo porto e la mente che riconduce inesorabilmente la coscienza tra i flutti travolgenti dell'alto mare senza pace. Fenomeni psicologici di altissima importanza; e problemi umani la cui gravità è forse tra tutti gli altri suprema.

Noi siamo ancora in Europa e specialmente, tra le più civili nazioni, in Italia, pieni di pregiudizi e di preconcetti su tale argomento – veri schiavi del pensiero. Noi crediamo che la libertà di coscienza e di pensiero consista nel negare alcuni principi di sentimento – come per esempio quelli religiosi –, mentre la libertà non esiste mai là ove si combatte per soffocare qualche cosa, ma solo dove si lascia l'espansione illimitata alla vita. Chi veramente non crede, non teme ciò che non crede e non combatte ciò che non esiste: e se crede e combatte, allora diviene soldato contro la libertà.

I bambini lavorano da sé, *conquistando* così la disciplina attiva, come l'*indipendenza* nella vita pratica, come il *progressivo sviluppo dell'intelligenza*. Diretti da una intelligente maestra, tanto nello sviluppo fisico, come in quello intellettuale e morale, i bambini possono, con i nostri metodi, raggiungere non solo uno splendido e rigoglioso organismo fisico, ma [anche] la magnificenza dell'anima umana.

Abbiamo creduto erroneamente fin qui che l'educazione naturale dei piccoli bambini dovesse essere soltanto fisica, ma anche lo spirito ha la sua natura – e la vita spirituale [...] domina l'esistenza umana in tutte le età.

I nostri metodi prendono in considerazione lo sviluppo psichico spontaneo nei bambini e lo aiutano con mezzi dedotti dall'osservazione e dall'esperienza.

Se le cure fisiche conducono i fanciulli a sentire i godimenti della salute del corpo, le cure intellettuali e morali portano il fanciullo alle alte gioie dello spirito e lo spingono a continue sorprese [e] a scoperte così nell'ambiente esterno, come nell'intimità della propria anima.

Queste sono le gioie che preparano l'uomo e che solo sono degne di educare veramente l'infanzia dell'umanità. I nostri bambini sono notevolmente diversi da tutti gli altri fin qui conosciuti tra il gregge domo delle scuole: essi hanno l'aspetto sereno di chi è felice e la disinvoltura di chi si sente il padrone delle proprie azioni. Quando essi corrono incontro ai visitatori, parlano loro con franchezza [e] stendono con gravità la manina minuscola per una cordiale stretta di mano; quando ringraziano della visita ricevuta più con il brillare degli occhi che con la voce squillante danno l'illusione di piccoli uomini straordinari.

Quando poi essi mostrano le loro abilità con atto confidenziale così semplice, come se chiedessero un'approvazione materna da quelli che li osservano; quando, intorno a due visitatori che parlano tra loro, essi si accovacciano a terra accanto ai loro piedi, scrivendo silenziosamente il loro nome con una parola gentile di ringraziamento, quasi volessero esprimere una gratitudine affettuosa a chi è venuto a trovarli; [e] quando danno prova del loro rispetto con un silenzio profondissimo; sono così commoventi da scuotere veramente le anime.

La Casa dei Bambini sembra avere un'influenza spirituale su tutti: io vidi uomini d'affari, uomini di potere, preoccupati da un lavoro affannoso, [così] come dalla coscienza della propria superiorità sociale, farsi sereni [e] disciogliere quasi la rigidezza pesante della loro autorità in un dolce oblio di se stessi. E questo spettacolo dell'anima umana [sviluppata] secondo la sua vera natura ci fa chiamare i nostri piccini bambini prodigiosi, bambini felici, infanzia di una umanità più evoluta della nostra.

Ben comprendo il grande poeta inglese Wordsworth, che, innamoratosi della natura, cominciò a sentire la misteriosa voce dei suoi colori e dei suoi silenzi, e le domandò il segreto della vita tutta quanta. Finché, come un veggente, ne ebbe la rivelazione: il segreto di tutta la natura sta nell'anima del fanciullo.

Egli ci scopre la sintesi vera della vita, che risiede nello spirito dell'umanità. Ma quello spirito che "avvolge la nostra infanzia" è poi oscurato "dalle ombre del carcere che sembra chiudersi sul fanciullo [che cresce]", e l'uomo "lo vede morire lontano e svanire nella luce del giorno consueto". Veramente la [...] vita sociale è spesso il successivo oscurarsi e il morire della vita naturale che è in noi. Questi nostri metodi tendono a custodire il fuoco spirituale degli uomini e a salvare la loro vera natura [nei] deprimenti gioghi della società. È una pedagogia che s'informa all'alto concetto di Emanuele Kant: «l'arte perfetta ritorna alla natura».

Indice

5 *Introduzione*
10 *Nota biografica*

EDUCARE ALLA LIBERTÀ

17 L'ambiente scolastico
20 Imparare a muoversi
22 Disciplina e libertà
24 Il nuovo metodo
29 La spontaneità del bambino
31 L'educazione all'indipendenza
36 L'abolizione dei premi e dei castighi esterni
38 La libertà in pedagogia
41 Come far lezione
44 Il compito dell'educatore
47 Il potere dell'ambiente e i materiali più adatti
49 Il regime della felicità
52 L'alimentazione naturale
53 Mettere in ordine

55 La voce delle cose
56 I talenti
57 La precisione
58 L'età più ricettiva
59 L'analisi dei movimenti
61 L'armonia dei movimenti
61 Ginnastica e lavoro
63 Esercizi di controllo dei movimenti
64 Immobilità e silenzio
65 Aprire delle vie
66 La vita libera
67 Educare alla realtà
68 L'esercizio della responsabilità
70 La ginnastica, i giochi e il lavoro
71 L'educazione del selvaggio
83 I benefici del contatto con la natura
88 La natura nell'educazione scolastica
89 La libera scelta
92 L'educazione dei sensi
95 Il piccolo esploratore
97 L'ambiente educativo
101 Il lavoro manuale
105 Lo scopo dell'educazione
113 Il ruolo della maestra
118 L'educazione musicale
120 L'acutezza uditiva
124 La lezione sul silenzio
126 L'educazione dei sensi

133 L'arte dell'educazione
135 Il viaggiatore della vita
136 Opere della natura e opere dell'uomo
137 Salvaguardare la spontaneità
138 I periodi sensitivi
141 Il richiamo al silenzio
143 L'importanza dell'osservazione
146 La scrittura spontanea
150 Contemporaneità di lettura e scrittura
151 L'età migliore per l'apprendimento della lettura
152 L'educazione religiosa
154 L'anima del bambino